Mark Spörrle, Der Baum ist schief!

Mark Spörrle

Der Baum ist schief!

Oh Wahnsinn bringende Weihnachtszeit …

Mit Illustrationen von Isabel Große Holtforth

WUNDERLICH

1. Auflage November 2015

Einbandgestaltung Hafen Werbeagentur, Hamburg
Einbandillustration Isabel Große Holtforth
Innentypografie Daniel Sauthoff
Satz Newzald PostScript (InDesign)
Gesamtherstellung CPI books GmbH, Leck, Germany
ISBN 978 3 8052 5090 0

Für alle, die Weihnachten an mir und meinen
Recherchen für dieses Buch gelitten haben.
Und natürlich für meine Liebste und
meine liebste Tochter.
Aber ganz ausdrücklich nicht für die vegane Gans!

Inhalt

Alles auf eine Karte

«Sag mal», sagte die Liebste, als wir im Spätsommer an die Weihnachtsvorbereitungen gingen, «wie machen wir es dieses Jahr mit Weihnachtskarten?»

Ich sah sie erschrocken an.

Sie prustete los.

Ich lachte erleichtert mit.

Wir sind aufgeklärte Menschen. Wir haben keine Lust auf den immergleichen Schweinezyklus, auf die ewige Haderei, wen man mit welcher Karte bedenken soll, auf die durchgeschriebenen Nächte vor Weihnachten. Und auf das schlechte Gewissen, wenn einem nach dem Fest scheinheilig genau die Leute schreiben, die man vergessen hat. Woraufhin man ihnen ebenfalls schreiben muss, und zwar unbedingt vor Neujahr. Am Ende ist man dann völlig hysterisch.

Wie gut, dass wir uns diesen Stress nicht mehr antaten. Seit letztem Jahr war unsere Vorweihnachtszeit deutlich entspannter. Und wir hatten uns geschworen, auch diesmal weder Weihnachtskarten zu kaufen noch sie zu versenden, keine einzige, so wahr Gott uns helfe.

«Und selbst wenn einer von uns aus Versehen doch auf die Idee käme, eine Karte zu schreiben», sagte die Liebste Monate später im Plauderton, es war kurz nach Mitternacht, wir saßen im Arbeitszimmer und tippten auf unseren Laptops, «wir hätten überhaupt keine Zeit dafür.»

«Stimmt», sagte ich. «Früher, als man noch Karten schrieb, mussten die Menschen weniger arbeiten. Erst recht vor Weihnachten. Wahrscheinlich war ihnen so langweilig, dass sie nach einem Ausgleich suchten ...»

«Mir fallen zwei, drei Geschäftspartner ein, bei denen es heute sicher immer noch so ist», sagte die Liebste nach einer Pause. «Vielleicht wäre es, aus rein beruflichen Gründen, ganz geschickt, ihnen – und nur ihnen – doch frohe Weihnachten zu wünschen.»

«Es gibt wunderbare Vorlagen für Sammel-Mails», sagte ich. «Mit tanzenden oder hüpfenden Christkindern, mit grünen Weihnachtsmännern, mit gestreiften Weihnachtshasen, je nachdem, an was man glaubt. Ich schicke dir mal einen Link ...»

«Eine Sammelmail: Bist du sicher, das ist das Richtige?», fragte die Liebste.

«Für besonders wichtige Geschäftsfreunde kannst du auch eine Sammel-SMS nehmen», sagte ich, «das ist persönlicher.»

Die Liebste nickte.

Nur ein paar Tage später, wir hatten so gut wie sämtliche Weihnachtsvorbereitungen abgeschlossen, jedenfalls dachte ich das, sah ich zufälligerweise, wie sie ihre Tasche auspackte. Und einen kleinen Stapel Karten, auf denen sich ein grüner Baum mit Schnee befand. «Du willst doch nicht etwa rückfällig werden?» Ich griff nach einer Schere.

Hastig riss die Liebste die Karten an sich. «Stopp! Es ist nicht, wie du denkst. Ich habe schon eine Sammelmail vorbereitet und eine Sammel-SMS. Ich dachte nur, die fünf, sechs allerwichtigsten Geschäftsfreunde würden sich möglicherweise doch freuen, wenn sie etwas ganz Besonderes bekämen. Guck mal, wir haben in den letzten Tagen ja auch ein paar Karten gekriegt ...»

Das hatten wir tatsächlich. Von unserer Bank, die auf die fälligen Kreditraten hoffte. Und von einem Hotel an der Ostsee, in dem wir vor acht Jahren durch Zufall einmal übernachtet hatten. Und dann mit Absicht nie wieder.

Sonst aber: Kein Vergleich zu der Kartenflut vom letzten Jahr. Unglaublich, wie einfach doch der Mensch ist, um nicht zu sagen: primitiv. Man muss ihm nur einmal nicht zu Weihnachten schreiben, und schon ist er eingeschnappt und schreibt einem auch nicht mehr. Ich war froh, dass diese Heuchelei ein Ende hatte.

«Wie gesagt, es geht um ein paar wirklich wichtige

Geschäftsfreunde», sagte die Liebste. «Sie könnten es falsch verstehen, wenn ich ihnen keine Karte schreibe, sie aber sehr wohl Karten von anderen Leuten bekommen. Am Ende könnten sie denken, ich wolle nicht mehr mit ihnen zusammenarbeiten. Verstehst du?»

Ich nickte.

«Und eigentlich wollte ich ja vorgedruckte Karten nehmen. Aber die waren leider schon aus. Ich muss sie mit der Hand schreiben. Aber keine Sorge, ich mache das ganz kurz, extrem kurz ...»

«Drei Sätze reichen völlig», sagte ich. «Nein, einer: Frohe Weihnachten und guten Rutsch!»

Die Liebste nickte. «Kannst du schon mal Luise ins Bett bringen? Ich erledige das sofort ...»

Das Ins-Bett-Bringen dauerte länger, unsere Tochter fragte, ob sie nicht auch Weihnachtskarten verschicken könne, und ließ sich nicht auf Anhieb davon überzeugen, dass das eine völlig unzeitgemäße und abwegige Idee war. Als sie endlich schlief und ich zur Liebsten zurückkehrte, schrieb die immer noch. Deutlich mehr als drei Sätze.

«Ich musste etwas länger werden», erklärte sie. «Es ist auch Herr Shakitanza aus Japan dabei, der mit dem Großprojekt in Tokio, das wichtigste, das ich bisher hatte. Du weißt, Japaner legen sehr viel Wert auf Umgangsformen und Höflichkeitsfloskeln, das macht

alleine schon die halbe Textmenge aus. Und wenn ich ihm deshalb etwas mehr schreibe, darf es bei den anderen wichtigen Geschäftspartnern auch nicht viel kürzer werden. Nicht, dass sie sich zufälligerweise einmal treffen …»

«… sicher», sagte ich, «und dann kommen sie ins Gespräch, und ebenso zufälligerweise haben alle deine Weihnachtskarten dabei. Also holen sie sie heraus und zählen ab, wem du die meisten Zeilen geschrieben hast, wer also für dich der wichtigere Klient ist …»

Die Liebste kicherte. Aber sie schrieb weiter.

«Sag mal», sagte sie, als wir später im Bett lagen. «Ich habe noch zwei Karten übrig …»

«Heb sie einfach für nächstes Jahr auf.»

«Ich könnte eine aber auch ausnahmsweise meiner Tante Martha schicken. Die sehen wir zu Weihnachten nicht, und ihr geht es gerade nicht besonders gut. Und die andere vielleicht meinem Cousin Timo.»

«Moment», sagte ich. «Erinnerst du dich? Wir haben ausgemacht, dass wir keine Weihnachtskarten verschicken!»

«Doch, natürlich! Ich dachte ja nur: Wenn man auswählen müsste, wer eine Ausnahme verdient hat, dann wären das Martha und Timo …»

«Haben die uns jemals eine Karte geschrieben?», fragte ich.

«Doch, letztes Jahr», überlegte die Liebste. «Und vorletztes …»

«Die Armen.»

«Sei nicht so hartherzig», sagte sie. «Gerade Leuten wie Tante Martha bedeutet das Kartenschreiben noch etwas. Sie macht das seit 70 Jahren. Sie kann doch nicht wissen, dass wir absichtlich damit aufgehört haben.»

«Schreib ihr eine nette SMS!», schlug ich vor.

«Tante Martha weiß gar nicht, was das ist!»

«Dann eine E-Mail!»

«Denkst du, sie hat einen Computer?»

«Schick ihr ein Telegramm!»

«Meinst du, das gibt es noch …?»

«Kannst du sie nicht einfach anrufen?»

«Das mache ich doch sowieso!»

Ich wusste nicht mehr, was ich sagen sollte, und beschloss, mich schlafend zu stellen.

Die Liebste nahm mir das nicht ab. «Weißt du, ich kann es gut verstehen, dass Tante Martha gerne Karten bekommt. Dann weiß man immerhin, dass die Leute an einen denken und einen nicht vergessen haben …»

Seufzend schlug ich die Augen wieder auf.

«Wenn es danach geht», sagte ich, «hat uns in den letzten Tagen nur das Rote Kreuz nicht vergessen. Beziehungsweise unsere Spende …»

«Eigentlich schade, oder?», fragte die Liebste. «Wenn ich da an früher denke ... Hast du schon viele Weihnachts-Sammelmails bekommen?»

«Ein paar.» Das war falsch. Ich hatte keine einzige erhalten.

«Ich nicht eine», seufzte sie. «SMS?»

«Noch nicht. Aber dafür ist es zu früh.»

Die Liebste schwieg.

«Wenn ich noch mal an Tante Martha denke», sagte sie. «Sie tut mir leid, sie ist alt und krank ...»

«Okay!» Ich warf die Bettdecke zurück. «Du hast gewonnen. Wir machen es. Wir schreiben deiner Tante Martha eine Karte, okay? Aber nur diese eine ...»

«Und Timo?»

«Der ist auch alt und krank?»

«Nein, aber ab und zu leicht depressiv ...»

«Okay», sagte ich, «wir schreiben auch dem depressiven Timo eine Karte. Zufrieden?»

Die Liebste nickte.

«Was ist ?», fragte sie dann. «Du guckst so.»

«Ich muss gerade an meine Tante Hildegard denken. Sie sitzt im Rollstuhl. Aber was, wenn sie deine Tante Martha trifft, zufälligerweise, auf irgendeinem Flughafen, und erfährt, dass Tante Martha, anders als sie, von uns sehr wohl eine Karte bekommen hat? Ist das nicht ungerecht?»

«Doch!», sagte die Liebste. «Aber wir können ihr einfach auch eine schreiben. Mir fällt gerade ein: Ich habe nicht zwei Weihnachtskarten übrig, sondern drei.»

«Schade», entgegnete ich, «dann haben wir keine für meine Cousine Claudia mehr. Weißt du, ich habe seit Jahren nichts mehr von ihr gehört. Das ist merkwürdig. Nicht, dass ich bei unserem letzten Treffen etwas Dummes zu ihr gesagt habe und sie jetzt eingeschnappt ist. Da wäre ein kleines, verbindliches Signal vielleicht ganz gut. Ach, wo wir gerade darüber reden: Ich habe eine Karte. Sogar mehrere. Ich habe gestern aus purem Zufall in der Strumpfschublade noch ein paar von letztem Jahr gefunden ...»

«Das ist gut!», rief die Liebste. «Ich könnte dann meiner Nichte Evelyn noch eine schicken. Und ihrer Mutter natürlich ... Na ja, wenn ich drüber nachdenke, müsste ich der gesamten engeren Familie schreiben. Habe ich schon erwähnt, dass im Wohnzimmerschrank hinter den Gläsern ein kleiner Stapel ganz reizender Karten liegt? Die waren im Sonderangebot, die musste ich einfach mitnehmen.»

Ich setzte mich auf. «Gut. Wir schreiben aber nur an die engsten Verwandten. Und nur ein bestimmtes Kontingent. Sagen wir: jeder zehn.»

«Zwanzig», erwiderte die Liebste.

«Fünfzehn.»

«Na gut, achtzehn», sagte sie. «Und dazu noch ein paar an ausgewählte Freunde.»

«Fang bitte nicht damit an!», stöhnte ich.

«Nur an Freunde im Ausland, die wir selten sehen!»

«Ich weiß nicht», zögerte ich, «es gibt im Inland auch viele Freunde, die wir selten sehen ...»

«Das stimmt natürlich. Dann schreiben wir jeweils fünf Karten an Freunde im In- und Ausland. Vor allem an Freunde, die uns auch immer schreiben. Oder die uns zumindest früher immer geschrieben haben.»

«Dann brauchen wir jeweils zehn», sagte ich, «mindestens ... Denk an Meyers, Pongarts, Emma Brohsius ...»

«... die Eickens, Mike und Jo mit ihren Familien ...»

«Und Ralf, der alte Chaot!», fiel mir ein. Ralfs Weihnachtskarten waren früher niemals vor Mitte Januar angekommen. Heute kamen sie zu Ostern. «Wir werden seine Karte als erste schreiben», kicherte ich. «Dann muss er uns noch vor Neujahr eine zurückschicken ...»

«Was ist mit Großmanns?», fragte die Liebste. «Wir haben ihnen viele Jahre lang geschrieben. Sie uns aber niemals. Malte hat sich jedes Mal entschuldigt, sie hätten so viel zu tun gehabt und es nicht auf die Reihe gekriegt ...»

«Die werden es nie auf die Reihe kriegen», sagte ich. «Wir schreiben ihnen am besten auch nicht mehr! Obwohl es deine Freunde sind.»

«Meine?», wunderte sich die Liebste. «Deine!»

«Das waren sie niemals!», rief ich.

Wir löschten den Kontakt Großmann aus unseren Smartphones, standen auf und begannen zu schreiben.

Nach drei Nächten brachten wir knapp zweihundert Karten zur Post.

Bis Weihnachten bekamen wir noch eine einzige.

Von Großmanns.

Backclub der Teufelinnen

Ich stürzte in die Küche, weil ich von dort furchtbaren Lärm hörte. Es klang, als fräße sich eine Tunnelbohrmaschine aus der Nachbarswohnung in unseren Kühlschrank vor.

In Wirklichkeit war es nur die Liebste. Mit schuldbewusster Miene stellte sie die Küchenmaschine aus. «Sag nichts!», sagte sie. «Aber in sechs Wochen ist schon Weihnachten ...»

«Du willst nicht ernsthaft wieder Kekse backen?»

«Es ist höchste Zeit für Lebkuchen und Printen. Ich weiß, was du jetzt sagen willst ...»

«Lass das», sagte ich, «mach das nicht. Wir haben die vorweihnachtlichen Horrorwochen. Wir müssen im Job alles vor dem Jahresende fertigkriegen, warum, weiß niemand, aber es ist so. Die Weihnachtsfeiern stehen an und Luises Kinderbackfest, wir müssen die Festtage planen und wer wen wann besucht und vor allem: wer wen nicht und wieso nicht. Und da ist noch das große Familienessen, diesmal sind zu allem Unglück wir dran ...»

«Ich weiß», nickte die Liebste unbeirrt. «Dazu kommen die psychologischen Gespräche mit denen, die zu diesem Familienessen kommen, und vor allem mit denen, die nicht kommen sollen. Kannst du mir den Puderzucker geben? Und die Mandeln?»

«Sei vernünftig», fuhr ich fort. «Lass das Gebacke. Schlaf lieber noch ein paarmal; vor Weihnachten geht das dann nicht mehr. Außerdem: Ich will dieses Jahr sowieso keine Plätzchen mehr essen, ich werde zu dick. Und Luise hat gesagt, dass sie Süßes nicht mehr sehen kann ...»

Das war natürlich gelogen. Aber es passte gerade in den Kontext.

Die Liebste fiel sowieso nicht darauf rein; sie zog nur die linke Augenbraue hoch.

«Und wenn wir unbedingt Plätzchen wollen», schloss ich, «können wir doch einfach welche kaufen!»

«Kaufen?», fragte die Liebste in einem Tonfall, als hätte ich «klauen» gesagt.

«Okay», sagte ich schnell. «Es ist natürlich nicht dasselbe ...»

«Eben!» Die Liebste ließ die Maschine aufheulen. «Christine hat heute schon die ersten selbstgemachten Printen geschickt und auf Instagram gepostet. Sie sei spät dran, schrieb sie. Spät! Die spinnt doch! Mach bitte die Tür zu, damit Luise von dem Lärm nicht aufwacht. Von außen!»

Am nächsten Morgen klebte in der Küche alles, Ei und Schokoguss liefen von den Wänden. Aber dazwischen standen drei Bleche mit den unterschiedlichsten kleinen Lebkuchen. Die Liebste verschickte sieben herzförmige Dosen mit Kostproben an ihre Freundinnen. Samt der handschriftlichen, herzchenverzierten Notiz: *Anbei eine erste Fingerübung. Lasst es Euch schmecken!*

«Kannst du bitte noch ein paar Fotos von mir und einer der Dosen machen?», bat sie. «Für Instagram und für Facebook ...»

Postwendend trafen ähnliche Dosen ein. In den meisten waren ebenfalls Lebkuchen und Printen. Zwei enthielten zusätzlich Makronen, Mürbeteigplätzchen und Spritzgebäck.

Ich musste mich nach dem China-Projekt einfach mal kurz in der Küche entspannen, schrieb Maria.

Das war mein Date von gestern Abend ;-), stand auf Susannes Begleitzettel.

«Lecker!», sagte ich, als wir die Plätzchen abends am Küchentisch verkosteten.

«Stimmt», die Liebste stand auf. «Besser als letztes Jahr. Aber: Das kann ich auch, Mädels!»

Sie trank ihr Glas Wein in einem Zug leer, ging zum Küchenschrank und holte Zucker, Puderzucker und Kakao heraus.

«Was machst du?», fragte ich.

«Schokofruchtspritzgebäck, Zimtsterne mit Schuss, Pflaumen- und Marzipanplätzchen, reiche Ritter und ein paar neue Kreationen. Ach so: und ein paar Kipferl, die gehören dazu.»

«Jetzt?», rief ich.

«Du hast recht.» Die Liebste hielt inne. «Es ist noch ein bisschen früh im Jahr für Kipferl. Andererseits: Immer mehr Leute fangen bereits im Oktober an zu backen. Manche, ich denke nur an Christine, starten sogar schon nach den Sommerferien. Sie geben es natürlich nicht zu ...»

«Ich meinte die Uhrzeit. Es ist halb zwölf. Ich dachte, wir wollten ins Bett!»

«Ich komme nach. Ach ja: Kannst du mir noch schnell zwei Tafeln 75-prozentige Schokolade raspeln? Wo ist eigentlich die Feinwaage ...?»

Die Produktion dauerte länger als einen Abend. Ein Projekt, um das sich die Liebste in ihrem Hauptberuf kümmern musste, entpuppte sich als zeitintensiver als gedacht. Außerdem blieben drei ihrer beteiligten Kolleginnen mit lächerlichen Ausreden der Arbeit fern, mutmaßlich, um heimlich Plätzchen zu backen.

Trotzdem war ich angesichts von 17 Plätzchensorten überrascht, dass unsere Tochter Luise und ich schon nach drei Abenden wieder die Küche betreten durften. Für die Liebste war diese Zeitspanne offensichtlich immer noch zu lang, um sie zu kommunizieren. *Einen Krimi gucken und backen, eine Super-Kombi!*, schwärmte sie stattdessen auf den Aufklebern an den Herzdosen. *Und weil der Mensch Ziele braucht,* fuhr sie schamlos fort, *war die Küche wieder sauber, als der Abspann lief.*

Das ging so weiter.

«Es war ganz leicht», erzählte sie, als die Freundinnen anriefen, «nein, ich habe das gar nicht nach Rezept gemacht, einfach nach Gefühl ... nein, welche Größe die Eier haben, ist doch völlig egal, ich weiß noch nicht mal mehr, ob ich welche genommen habe und, wenn ja, wie viele. Wenn ihr noch etwas wissen wollt, schaut doch in mein Backblog ...»

Das Erstaunliche dabei war, dass die Freundinnen ihr diese Geschichten allen Ernstes abnahmen. Denn in Wahrheit überließ die Liebste auch beim Plätzchenbacken nichts dem Zufall: An der Pinnwand hingen sauber in Reihe Zettel mit exakten Grammangaben für die einzelnen Bestandteile von Kuvertüre und Zuckerguss. Zuckerperlen zählte sie aus Paritätsgründen einzeln auf die Kekse. Und ständig trafen Pakete mit geheimen, offenbar in den Läden bei uns nicht erhältlichen Zutaten ein, die niemand öffnen durfte außer ihr selbst.

«Ja, und?», verteidigte sich die Liebste. «Petra hat letztes Jahr nicht mal verraten, wie ihre Plätzchen heißen, damit man das Rezept nicht googeln kann, sie nannte sie nur A, B und C. Und Merle hat Namen und Zutaten sogar völlig frei erfunden!»

Zwei Tage später erreichte uns eine Dose von Anna. Der Inhalt sah verlockend aus, aber mittlerweile war auch mir klargeworden, dass es vor allem auf das Kärtchen ankam. *Ihr Lieben, hier nur eine flüchtige Kostprobe meiner in diesem Jahr ausnahmsweise sehr raschen Weihnachtsbäckerei*, stand dort. *Bitte verzeiht, dass ich mir eine Stunde vor der Abfahrt in den Schnee diesmal keine so große Mühe geben konnte!*

Die Liebste zerkaute eins der Plätzchen, eigentlich handelte es sich schon um Pralinés, spuckte es wie eine berufsmäßige Kekstesterin in eine leere Müslischale und nickte mit halb geschlossenen Augen. «Nicht schlecht», murmelte sie, sprang dann auf und rief: «Das macht sie mit Absicht!»

Am darauffolgenden Tag kam schon die nächste Kostprobendose.

Während Jens einkaufen war, habe ich den neuen Backofen getestet, schrieb Petra. *Probiert doch mal.*

Am Tag danach trudelten gleich zwei Kekssendungen ein.

Ganz eilig gemacht heute früh: Während die Kinder rumtrödelten, musste ich mich abreagieren ..., behauptete Christine.

Habe ich schnell zwischen zwei Meetings in der Firmenküche gebacken!, stand auf Majas Karte.

Die Inhalte sämtlicher Dosen schmeckten hervorragend. «Aber glaubst du wirklich, dass man im Büro Plätzchen machen kann?», fragte ich.

Die Liebste hörte nicht zu, sie saß am Computer und formulierte ein paar Textentwürfe. «Was hältst du von: *Cool, im Bordbistro des ICE lässt es sich wunderbar backen! Mikrowellen-Plätzchen könnten ein Trend werden*?»

«Aber das stimmt nicht!»

«Natürlich nicht!»

«Du willst doch nicht schon wieder ...?», begann ich.

«Und ob!», sagte sie.

«Aber du hast doch schon zweimal Plätzchen verschickt!»

«Petra viermal! «

«Aber das ist doch Wahnsinn!», rief ich.

«Stimmt», sagte sie. «Aber ich weiß, was ich tue. Ich splitte die nächste Sendung in drei Teile. Würdest du mir morgen Herzdosen aus der Stadt mitbringen? 21 Stück, nein, besser 28, nein: 35. Für alle Fälle! Und jetzt muss ich in die Küche.»

Auf der Batterie von Herzdosen, die ich am nächsten Abend aus unserer Wohnung zur Post schleppte, klebten Herzaufkleber mit der Aufschrift: *Das Bilanztele-*

fonat mit Brasilien war lang. Und langweilig … Eure Backfee.

Am folgenden Tag kam erst per Chat, dann per Eilpost die Retourkutsche von Anna:

Das Telefonat mit der Londoner Filiale war kurz, spannend, und es war trotzdem noch Luft nach oben …

Tags darauf erreichte uns Marias Dose. *Weihnachtsbäckerei mit den Kita-Freundinnen: Kaum zu glauben, was man alles mit zehn disziplinierten Dreijährigen in zwei Stunden zustande bringt!* Der Inhalt der Dose sah aus, als stamme er aus einer Edelconfiserie.

Die Liebste verschwendete mittlerweile keine Zeit mehr darauf, die Plätzchen ihrer Freundinnen zu testen. Sie rannte in die Küche, bevor die Post schloss. «Kannst du schnell sieben Zettel für mich ausdrucken?», rief sie über die Schulter. «Text wie folgt: *Renoviere gerade die Küche, habe parallel bei den Nachbarn eine Test-Gans im Ofen und verpacke das vorletzte aller Geschenke. Und wow, Mädels, es sind noch Wochen hin bis Weihnachten – da lege ich doch glatt zwischendurch die Füße hoch. Meine Pralinen machen sich quasi von alleine – während ich noch schnell das Manuskript für mein Projekt abschließe. Mit den Füßen natürlich. Hatte doch zwischendurch ganz fix diesen Kurs für Mund- und Fußmalerei gemacht (oder dachtet ihr, die Weihnachtskarten sind gekauft?).*»

«Ist das jetzt nicht wirklich völlig übertrieben?», fragte ich.

«Findest du?» Sie kam, den Arm voller Dosen, zurück. «Ich brauche noch etwas mit Schoko, gib bitte mal die von Maria her …»

Sie griff nach der Dose in meiner Hand.

«Aber das kannst du jetzt wirklich nicht …», begann ich, da rutschte mir die Dose schon aus der Hand und knallte auf den Küchenboden.

Kniend sammelte ich die Pralinés auf. Aus einem, es war zerbrochen, ragte etwas hervor. Ein kleines Bodenstück aus Marzipan mit einer Aufschrift.

«Marias Pralinen sind – gekauft!», rief ich. «Und darüber ist einfach nur Schokoguss!»

«Na und?», lachte die Liebste. «Was glaubst du, wie ich das mache?!»

«Ich hasse Flöte!»

Eines Abends in der Adventszeit klingelte das Telefon. Meine Mutter war dran.

«Wie geht es euch?», fragte sie.

«Großartig!», japste ich. Vorhin beim Zusammenbau des Pfefferkuchenhauses für unsere Tochter hatte ich den Daumen in die Pfanne mit heißem Zucker getaucht und das ganze Haus zusammengebrüllt wie ein verletztes Tier, aber das musste meine Mutter ja nicht wissen. «Du rufst so spät noch an?»

Sie lachte. «Ich wollte euch nur schnell sagen: Wir kommen Weihnachten schon früher! Es gibt da einen günstigen Flug ...»

«Früher?», fragte ich. Meine Eltern hatten am zweiten Weihnachtstag zum großen Familienessen kommen wollen. Zusammen mit all den anderen Verwandten. Die beiden Tage davor hatten wir für dieses Event Kraft schöpfen und vorbeugend Beruhigungsmittel einnehmen wollen.

«Genau: früher!», sagte meine Mutter. «Ihr habt dadurch doch keine Umstände, oder?»

Die Liebste, die über Lautsprecher mitgehört hatte, machte stumme Halsabschneidebewegungen.

«Nein, wieso?», schwindelte ich und kassierte einen leichten Rippenstoß. «Wann wollt ihr denn kommen?»

«An Heiligabend», sagte meine Mutter. «Ist das nicht schön? Dann können wir mit euch zusammen Bescherung machen, in die Kirche gehen, und vor der Bescherung musizieren wir alle!»

Ich ließ ihre Worte ein paar Sekunden in meinem Kopf widerhallen, aber ihr Sinn änderte sich nicht.

«Mama – musizieren?»

«Musizieren!», sagte sie. «Macht ihr das etwa nicht?»

Nein, das machten wir nicht, und eigentlich musste sie das wissen. Vielleicht hatte sie es aber auch verdrängt. Anders als meine Mutter und die meisten Verwandten war ich kein musikalisches Genie. Im Gegenteil, ich war in der Grundschule vom Musikunterricht befreit worden, weil der Lehrer meine Versuche, «Kuckuck» auf der Flöte zu spielen, nicht mehr ausgehalten hatte. Danach hatte ich mich noch gesteigert. Noch heute sprechen ehemalige Mitschüler bei Klassentreffen ehrfürchtig davon, wie in der siebten Klasse der strenge, allseits gefürchtete Musiklehrer vor mir niederkniete und mich bat, niemals mehr zu singen. Jedenfalls nicht in seinem Unterricht.

«Liebe Mama», begann ich vorsichtig, «du weißt doch: Ich bin nicht sehr musikalisch. Wie musizieren zu Hause … eher weniger.»

«Ich weiß, dass du da leider etwas aus der Art schlägst», sagte meine Mutter. «Aber Luise ist doch ganz sicher sehr musikalisch! Es vererben sich ja viele Fähigkeiten von den Großeltern auf die Enkel …»

Die Liebste und ich, wir sahen uns an und schüttelten den Kopf.

«Ich habe ihr doch letztes Jahr diese schöne Flöte geschenkt», redete meine Mutter weiter. «Sie kann uns darauf einfach ein paar Stücke vorspielen. Ein bisschen improvisieren …»

«Mama, sie ist sieben!»

«Dann spielt sie eben vom Blatt. Und ich improvisiere dazu auf eurem Klavier.»

«Mama: Wir haben kein Klavier …»

«Immer noch nicht? Na ja, macht nichts. Dann spielt Luise eben alleine. Ein paar Weihnachtslieder. Welche kann sie denn?»

Die Liebste und ich wechselten wieder einen Blick. Luise konnte kein einziges Weihnachtslied. Sie hatte vor einem knappen Jahr die Flöte ausgepackt, war bei dem kratzenden und quietschenden Geräusch der Styroporverpackung zusammengezuckt und hatte mit verzerrtem Gesicht gebeten, das furchtbare Instrument wieder einzupacken, aber erst, wenn sie aus dem Zimmer war. Ich hatte das verstanden.

«Mama», sagte ich vorsichtig. «Sie kann kein einziges.»

Meine Mutter brach in Gelächter aus. Wir lachten nicht mit, dennoch dauerte es, bis sie wieder aufhörte.

«Also», prustete sie, «also, fast hätte ich dir das geglaubt. Du kannst einen wirklich gut verkohlen, das kommt davon, dass du dauernd diese seltsamen Geschichten schreibst.»

«Mama ...», begann ich.

«Hör auf, hör auf!», rief sie. «Jetzt im Ernst: Dann soll sie einfach *Stille Nacht* spielen. Das wird sie kennen, das spielt man bei uns in der Familie seit Jahrzehnten vor der Bescherung ...»

«Nach der Bescherung!», korrigierte mein Vater aus dem Off.

Am anderen Ende der Leitung ertönte Musik. Es war die Türklingel, die Mozarts Türkischen Marsch spielte, ein Stück, das ich in einem anderen Leben liebend gern beherrscht hätte. «Ich muss aufhören», sagte meine Mutter, «das wird die Post sein. Meine neuen Noten. Ich melde mich! Wir freuen uns!»

In den Tagen darauf versuchte ich mehrfach, meine Mutter anzurufen, um den musikalischen Irrtum aufzuklären, aber erreichte sie nie. Dafür kam ein Umschlag mit der Post. Noten für *Stille Nacht* für Cello und Blockflöte. «Falls», schrieb meine Mutter, «es Luise mit Flöte allein langweilig wird. Das Cello könnt ihr auch durch eine Violine ersetzen.»

«Sie meint das ernst», sagte die Liebste. «Du musst ihr ganz klar sagen ...»

«Ich habe es doch versucht!», rief ich.

Mir schoss spontan die Idee durch den Kopf, das Weihnachtsfest dieses Jahr überraschend auf den Kanarischen Inseln zu begehen, und das ohne Telefon.

Die Liebste war dagegen, schließlich bereitete sie seit Monaten das große Familienessen vor. «Vielleicht schneit es ja an Heiligabend», sagte sie, «und auf dem Flughafen rechnet wie immer niemand damit, sodass die Flugzeuge nicht landen können. Auch nicht das Flugzeug deiner Eltern ...»

«Du glaubst nicht wirklich, dass es bei uns zu Weihnachten schneien könnte», sagte ich.

«Oder vielleicht streiken die Piloten!»

«Zu Weihnachten wird leider nie gestreikt», sagte ich. «Um den Familienfrieden nicht zu gefährden.»

Wir stießen synchron ein verzweifeltes Lachen aus.

«Gut, wir müssen mit dem Schlimmsten rechnen», sagte ich. «Dass meine Eltern schon an Heiligabend kommen und Bescherung mit Musik möchten. Und es gibt nur einen Ausweg: Luise muss dieses Lied lernen, wenigstens dieses eine Lied! Komm – sie soll doch sowieso anfangen, Flöte zu üben, oder nicht?»

Wir losten, wer mit unserer Tochter reden sollte. Auch beim dritten Durchgang fiel die Wahl auf mich. Ich nahm eine Tafel von Luises Lieblingsschokolade und betrat ihr Zimmer.

«Nein!», sagte meine Tochter, ohne mich anzusehen. Sie saß am Schreibtisch und las ein Buch.

«Luise.» Ich kam mir vor wie einer dieser windig-pomadigen Messerverkäufer aus dem Teleshopping-Kanal. «Stell dir vor: Oma und Opa kommen zu Weihnachten extra früher her! Und würden sich wahnsinnig freuen, wenn du ihnen dann auf der Flöte ein kleines Lied vorspielst. Ist das nicht toll?»

«Nein!»

«Luise, du kannst das doch locker!»

«Nein!»

«Du könntest Oma und Opa eine Riesenfreude machen ...»

«Neiiin! Ich hasse Flöte!»

«Luise», sagte ich, «ich kann mir vorstellen, dass das Christkind es so toll findet, wenn du das machst, dass es dir noch etwas extra mitbringt ...»

Meine Tochter senkte das Buch und sah mich forschend an. «Wie soll das – Christkind davon erfahren?»

«Ich schreibe ihm einen Zettel!», sagte ich schnell. «Und lege ihn auf den Balkon. Weißt du denn schon ungefähr, was ...?»

«Ich will eine von den großen Puppen, die echt reden, trinken und pischern können! Mit Sommerkleidern und Kinderwagen. Und mit einem Puppenkuscheltier, das auch echt trinken und pischern kann.»

Luise hatte sich das schon mehrfach gewünscht. Wir waren bisher immer dagegen gewesen; wer will schon eine pischernde Puppe in der Wohnung? Jetzt aber ging es um Wichtigeres. Ich erklärte mich einverstanden, vorausgesetzt, Luise begänne sofort mit den Proben.

Meine Tochter hielt sich beide Ohren zu, während ich die Flöte aus dem quietschenden Styropor angelte. Die Liebste, zigfach musikbegabter als ich, spielte ihr *Stille Nacht* vor und zeigte ihr die richtige Fingerhaltung.

Luise versuchte den ersten Ton, traf ihn auch fast, pfefferte die Flöte wütend in die Ecke und warf sich aufs Sofa: «Ich hasse Flöte!»

Wir erinnerten sie an die Puppe. Luise startete einen zweiten Versuch, der genauso endete. Nachdem ein dritter Anlauf gescheitert war, rief sie: «Das Christkind kann mich mal!»

Nachdem sie das in den folgenden Tagen einige Male durchexerziert hatte, machte ihr der Gedanke, auf die pischernde Puppe verzichten zu müssen, erschreckend wenig aus.

Weitere Motivationsversuche unsererseits blieben erfolglos. Luise wollte kein lustiges kleines Erkenne-den-Ton-Spiel mit einer Flöte veranstalten. Sie glaubte auch nicht daran, dass man mit einer Folge von selbstproduzierten Flötentönen, die zufälligerweise der ersten Zeile von *Alle Jahre wieder* entsprachen, eine Fee herbeirufen konnte: «Ich hasse Flöte!»

«Wir brauchen Hilfe», sagte die Liebste.

Die Leiterin der Musikschule ein paar Straßen weiter wusste sofort, was wir wollten.

«Lassen Sie mich raten!», rief sie. «Ihre Tochter muss bis Weihnachten ein Stück spielen können?»

«Woher ... wie?», begann ich.

«Denn sonst ist der Weihnachtsfrieden in Gefahr?»

«Vielleicht auch der Familienfrieden.»

Die Musiklehrerin lächelte triumphierend. «Wir sind komplett voll. Aber vielleicht können wir irgendwo noch ein, zwei Stunden einschieben.»

«Wenn das reicht ...», sagte die Liebste.

«Ein kompletter Last-Minute-Intensivkurs ist nicht ganz billig ...»

«Geld ist kein Problem», sagte ich verzweifelt.

«Hör auf zu zittern», beruhigte mich die Liebste, als ich Tage später die Mail mit den Kursgebühren öffnete.

«Dafür haben wir ein harmonisches Weihnachtsfest! Wir wollten doch sowieso nicht mehr so teuer in den Urlaub fahren.»

Jeden Tag nach der Schule ging Luise jetzt zu einer netten Musiklehrerin namens Kerstin. Obwohl, «ging» war übertrieben. Sie strampelte und schimpfte so sehr, dass ich sie wie einen Sack über der Schulter tragen musste, unter den mitfühlenden Blicken von Anwohnern und Passanten.

Als Kerstin krank wurde, sprang ein netter Musiklehrer namens Gerd ein. Bis auch der erkrankte. Die nächste Lehrerin wirkte schon nach der ersten Stunde angeschlagen; und bevor wir die Chance hatten, uns ihren Namen zu merken, kündigte sie.

Zu der Zeit konnte Luise schon die ersten acht Töne von *Stille Nacht* spielen. Erstaunlicherweise hörten sie sich alle gleich an. Die Liebste klärte mich auf, dass es tatsächlich immer derselbe Ton war, den Luise in eskalierender Lautstärke variierte. Anschließend warf sie das Instrument wütend in die Ecke. «Ich hasse Flöte!»

Dann bat uns die Leiterin der Musikschule zum Gespräch.

«Wir können nicht mehr», sagte sie. «Sie kriegen Ihr Geld zurück. Auch mehr, wenn Sie wollen.»

«Wie bitte?», fragten wir.

«Alle Lehrer, die sich trauten, mit Ihrer Tochter zu

Quietsch

arbeiten, sind krank oder haben gekündigt», sagte sie. «Außerdem gibt es mittlerweile zwei, die schon so reden wie Ihre Tochter. Verstehen Sie: Ich kann es mir nicht leisten, Lehrerinnen zu haben, die vor sich hin murmeln: ‹Ich hasse Flöte!› ...»

Ich rief meine Mutter an.

«Gut, dass du anrufst!», flötete sie. «Wir packen gerade. Wir kommen schon am 22., die Flüge für den 24. waren ausgebucht. Aber lasst euch davon nicht stören. Wir machen keine Umstände ...»

«Ich muss dir auch etwas sagen», sagte ich. «Zu den Weihnachtsliedern ...»

«Ja, da freuen wir uns besonders drauf!», rief sie. «Wir haben es schon allen erzählt. Dein Vater wird ein Video machen für alle Verwandten, die nicht dabei sein können!»

Ich atmete tief durch. «Mama: Luise kann kein Weihnachtslied spielen.»

«Fängst du schon wieder an mit dem Unsinn?»

«Nein! Es ist die Wahrheit!»

Betroffenes Schweigen. «Warum denn? Ist sie krank?»

«Nein. Sie kann einfach nicht Flöte spielen ... Mama? Mama, bist du noch da?»

«Das glaube ich nicht!», sagte meine Mutter endlich. «Du schwindelst!!»

«Nein, das tue ich nicht.»

«Luise, dieses begabte Mädchen, meine Enkelin – nein, nein, das kann nicht sein! Das ist unmöglich! Da kommen wir extra früher, weil ihr gesagt habt, dass Luise uns vor der Bescherung ein Weihnachtskonzert gibt – und jetzt erzählst du, sie will nicht ...»

«Nein, Mama: nicht ‹will›! Sie KANN es nicht!»

Pause. Dann drang verhaltenes Schniefen aus dem Telefon.

«Nächstes Jahr», sagte ich, «nächstes Jahr spielt sie sicher etwas vor, dann ist sie größer ...»

«Nächstes Jahr», schluchzte meine Mutter, «wer weiß, ob ich nächstes Jahr noch erlebe!»

«Vielleicht kann sie das Lied ja schon in einem halben Jahr. Im Juni!»

«*Stille Nacht* im Sommer? Also ... Also ... Also, das hätte ich niemals gedacht. Ich ... ich muss aufhören ... Mein Herz!»

Besondere Situationen erfordern besondere Maßnahmen. Ich teilte Luise mit, ab sofort sei Schluss mit Fernsehen, Fußball, Fanta und Süßigkeiten, es sei denn, sie spiele Flöte, und zwar richtig.

Luise schrie, das sei Erpressung.

Ich rief, das sei richtig.

Sie brüllte, ich sei doof und sie wolle nicht.

In Internet-Foren gibt es Eltern, die in solchen Situationen raten, das Kind unter die kalte Dusche zu stellen, bis es kooperiert. Oder mit den eigenen Fingern die Finger des Kindes so lange zu den richtigen Bewegungen auf der Flöte zu zwingen, bis sich die Kinderfinger quasi von allein bewegen – während gleichzeitig eine zweite Person das Kind mittels Nasezuhalten und eines Blasebalgs veranlasst, in die Flöte zu pusten.

Worüber niemand spricht, ist, ob das Kind einen dafür ein Leben lang hassen oder zumindest beim Jugend- oder Finanzamt anzeigen wird.

Die Liebste und ich klingelten bei Olivia, die zwei Stockwerke unter uns wohnt und im Kirchenorchester Flöte spielt.

Olivia lachte, als wir sie fragten, ob sie sich an Heiligabend bei uns im Wohnzimmerschrank verstecken und flötentechnisch für Luise einspringen könnte, die wir unter schlimmsten Drohungen dazu bringen wollten, das Spielen wenigstens zu simulieren.

«Glaub mir, deine Mutter würde es merken», sagte sie zu mir. «Aber Luise ist bestimmt nicht so unmusikalisch wie du. Okay, dazu gehört nicht viel. Ich habe dich neulich im Treppenhaus gehört. Du wolltest pfeifen, oder? Egal: Lass es mich doch noch einmal versuchen und eurer Tochter eine Nachhilfestunde geben.»

Ich benötigte alle Kräfte, um die kreischende und um sich schlagende Luise in Olivias Wohnung zu tragen.

Dann kauerten die Liebste und ich vor dem Telefon und warteten.

Es dauerte eine Stunde, bis Olivia entnervt anrief: Es sei hoffnungslos. «Ich habe noch nie so ein unbegabtes Kind erlebt. Ich habe ihr die Töne auf der Flöte x-mal vorgespielt: umsonst! Ich habe versucht, sie auf dem Klavier zu begleiten, damit sie ein Gefühl für die richtigen Töne bekommt. Und was hat eure Tochter gemacht? Sie hat behauptet, sie habe Durst. Und als ich ihr ein Glas Wasser holte, hat sie sich im Wohnzimmer eingeschlossen!»

Während ich nach unten ging, dachte ich über Luises weitere schulische Laufbahn nach. Es gibt Internate für Kinder im Grundschulter, strenge Internate, in denen großer Wert auf musikalische Erziehung gelegt wird. Heutzutage musste keine Tochter mehr darunter leiden, dass ihr Vater ein musikalischer Versager ist.

Olivia öffnete mit weit aufgerissenen Augen.

«Was ist los?», fragte ich alarmiert.

«Pssst!», sagte sie und zeigte hinter sich.

Durch ihre Wohnzimmertür drang ein Ton. Ein Klavierton. Dann noch ein Ton. Noch einer. Ein langer. Noch zwei.

Und dann fügten sich die Töne zu einem großen Ganzen.

Zu einem Lied.

Stille Nacht!

«Unglaublich», murmelte Olivia, «ohne Noten, nur nach Gehör. Ich habe noch nie so ein begabtes Kind erlebt!»

Meine Tochter auf dem Arm, rief ich meine Mutter an.

«Es gibt eine kleine Programmänderung», teilte ich ihr knapp mit. «Luise wird nicht Flöte spielen, sondern Klavier, sie mag das im Moment lieber.»

«Meinetwegen!», sagte meine Mutter. «Wir werden nur leider nicht dabei sein können. Es ist mit den Flügen doch schwieriger als gedacht. Die Piloten streiken.»

Der Baum ist schief!

Es hätte mir seltsam vorkommen müssen, dass der Baum so gut aussah. Aber ich konnte mein Glück kaum fassen.

«Was ist?», fragte der Verkäufer, als ich zum dritten Mal in der Hocke um die Nordmanntanne herumhopste. «Wollen Sie noch weiter volkstanzen, oder kann ich aufhören, das Ding zu halten?»

Ich richtete mich auf. Er hatte recht. Schließlich war es Heiligabend, und ich hatte diesmal noch weniger Zeit als sonst. Und außerdem: Der Baum war perfekt. Aus jeder Perspektive. Aus jeder Entfernung.

«Sehen Sie etwas?», rief ich. «Sehen Sie irgendetwas? Etwas, das schief ist, unregelmäßig?» Nicht dass ich wollte, dass er etwas sah.

«Nein, alles fein! Wo gehen Sie hin?», brüllte er.

«Ich wollte nur nachsehen, ob der Baum auch von weitem gut aussieht», erklärte ich und kam wieder zurück. «Denken Sie, er hatte es gut? Bevor er gefällt wurde?»

«Er hat es mir nicht gesagt.»

«Ich meine die Anbaubedingungen.»

«Absolut! Super Standort, biologischer Anbau, nicht zu viel Schatten. Und genau die richtigen Nährstoffe – sehen Sie: Die Nadeln sind tiefgrün, das ist genau richtig …»

Er log natürlich, alle Weihnachtsbaumverkäufer sind Lügner. Doch es stimmte:

Die Tanne war gerade gewachsen. Hatte eine wunderschöne Spitze. Und war exakt 2,55 Meter groß.

«Wo ist der Haken?», fragte ich.

Er seufzte, ich kaufte unsere Bäume schon seit 15 Jahren bei ihm.

«Es gibt keinen. Sie haben alles richtig gemacht. Sie waren schon hier, bevor ich geöffnet hatte. Sie haben sofort nach den schönsten vier Bäumen gefragt und dann gnadenlos aussortiert. Und Sie hatten zwei Brillen dabei, das war noch nie!» Er zuckte die Schultern. «Aber wenn Sie wieder erst Ihre Frau um Rat fragen wollen … Wie oft sind Sie letztes Jahr wiedergekommen? Viermal? Nein: fünfmal. Zweimal, um Bäume zu fotografieren, und dreimal mit Ihrer Frau. Oder war es umgekehrt? Also, ich habe einige durchgeknallte Kunden, aber Sie sind schon ganz besonders …»

Ich schwor mir, nächstes Jahr zu einem anderen Weihnachtsbaumverkäufer zu gehen.

«Ich nehme den Baum», sagte ich.

Ich war heilfroh, dass die Sache damit erledigt war,

denn heute war noch genug zu tun. Zur Bescherung würden unsere Freundin Amelie und die Schwiegereltern kommen, vorher musste ich bei den Nachbarn noch als Weihnachtsmann auftreten und diese bei uns als Christkind. Und vor allem: Bis dahin musste das Puppenhaus für unsere Tochter Luise stehen.

Kaum hatte ich die Tanne daheim auf den Balkon gewuchtet, schoss die Liebste auf mich zu. Sie hatte ihren leicht hektischen Weihnachtsblick.

«Wohin willst du?», fragte sie.

«Ins Arbeitszimmer», sagte ich, «noch ein paar Kleinigkeiten am Puppenhaus ...»

«Und der Baum?»

«Alles in Ordnung. Er ist wunderschön, kerzengerade ...»

«Wirklich? Ganz sicher?»

«Du wirst es sehen, wenn wir ihn um 16 Uhr aufstellen.»

«Erst um 16 Uhr?»

«Das hatten wir so ausgemacht ...»

Die Augen der Liebsten flackerten. «Wollen wir ihn nicht doch etwas früher aufstellen? Nur falls wir vielleicht doch ...»

Ich lächelte breit. «Der Baum ist super. Vertrau mir. Oder – vertraust du mir nicht?»

«Doch, doch, auf jeden Fall!» Sie lächelte und gab mir

einen Kuss. «Ich dachte nur gerade, ob ... Wollen wir ihn nicht vielleicht schon mal aus dem Netz nehmen, hinstellen und schnell einmal gucken? Den Rest machen wir später. Nur, falls uns doch noch etwas auffällt, man steckt ja in so einem Baum nicht drin ...»

Auch ich lächelte. War Weihnachten nicht das Friedensfest der Familie?

Allerdings, ich lächelte eisern. «Ich muss noch mal kurz ins Arbeitszimmer, bevor Luise nach Hause kommt. Lass uns später gucken. Um 13 Uhr?»

«12 Uhr», schlug die Liebste vor. «Dann hat der Verkäufer noch ein paar Bäume da. Nur falls ...»

«12 Uhr 30. Keine Sorge. Wir werden den Verkäufer nicht brauchen. Vertrau mir.»

Ich hastete davon, um bis dahin am Puppenhaus wenigstens das Nötigste zu schaffen.

Ich schaffte es nicht, und zwischendrin rief noch Sven von nebenan an. Bei ihnen im engsten Familienkreis bestünde Unsicherheit darüber, ob ihr Sohn nach wie vor an den Weihnachtsmann glaube oder ob mein Auftreten mit Bart und Kostüm nicht eher kontraproduktiv sei. Er werde wieder anrufen; ob ich schon mal über Alternativen nachdenken könne.

«Alternativen?», rief ich, aber Sven hatte schon aufgelegt.

Um 12.30 Uhr platzierte die Liebste den Weihnachtsbaumständer exakt in der Wohnzimmermitte. Ich schleppte ächzend den Baum vom Balkon herein, klemmte ihn in den Ständer und entfernte das Netz. Die Zweige entfalteten sich, er war eine echte Augenweide.

«Ich weiß nicht ...», sagte die Liebste sofort und setzte ihren kritischen Blick auf.

«Mach dir keine Gedanken», sagte ich, bevor sie sich etwas einreden konnte. «Wir haben Riesenglück. Dieser Baum ist makellos. Wie gemalt! Der Verkäufer wollte ihn eigentlich gar nicht hergeben, sondern für sich behalten ...»

Offenbar war diese Lobeshymne zu viel gewesen. Die Liebste steuerte mit kleinen Trippelschritten auf den Baum zu und legte den Kopf schief wie eine Eidechse, die eine Fliege anvisiert. Mein Hals wurde trocken.

«Hier ...», begann sie dann. «Wenn ich hier ...»

«Lass uns einfach noch ein bisschen warten», bat ich. «Die Zweige müssen sich erst ausrichten und beruhigen. Wir sehen uns den Baum in einer Stunde noch mal an. Du wirst begeistert sein!»

Ich eilte zurück zum Puppenhaus.

Nach gefühlt zehn Minuten klopfte die Liebste an der Tür. «Komm bitte sofort mit zum Baum, es ist wichtig.»

Mir brach der Schweiß aus, als ich ihr nach unten folgte.

Unnötigerweise. Im Wohnzimmer stand unser Baum. Ein Schmuckstück. Kerzengerade. Der schönste, den wir jemals hatten.

«Er ist schief!», sagte die Liebste.

Ich sah sie an, um zu sehen, ob sie Witze machte. Sie machte keine.

«Nein», sagte ich so ruhig wie möglich. «Er ist gerade!»

«Er ist schief!»

«Er ist gerade.»

«Ist er nicht. Er ist schief!»

«Wo», fragte ich, «wo soll er denn schief sein?»

«Er ist nach rechts geneigt!»

Ich sah nichts. Weder durch die eine noch durch die andere Brille. Außerdem musste ich dringend zurück zum Puppenhaus.

Aber ich kenne die Macht der Psychologie.

Also ließ ich den Hebel hochschnappen, der den Seilzug des Baumständers löste, tat, als rücke ich den Baum ein Stück zur Seite und fixierte den knarrenden Seilzug wieder mit dem Fuß.

Ich hatte den Baum nicht einen Millimeter bewegt, aber es hatte geklappt. «Jetzt ragt er nach links», sagte die Liebste.

Bemüht ernsthaft wiederholte ich die Prozedur, trat zurück und begutachtete den Baum.

Er sah wunderbar aus. Und nach wie vor wunderbar gerade.

«Jetzt ist er nach hinten schief!», beharrte die Liebste.

Ich drehte zwei Runden.

«Das kann nicht sein!», sagte ich.

«Er ist schief!», rief die Liebste; sie saß mit verschränkten Armen auf dem Sofa. «Siehst du es denn wirklich nicht? Oder willst du es nicht sehen?»

«Hör mal», sagte ich. «Ich habe noch ein paar Dinge für heute Abend zu erledigen. Und du sicher auch ...»

«Du verdrängst es!», beharrte sie. «Du willst ES nicht sehen!»

«Doch. Natürlich. Ich will alles sehen. Aber da ist nichts!»

Die Liebste raufte sich die Haare. «Oh nein! Doch! Stell dich mal neben mich! Hierhin! Und jetzt guck auf den Baum!»

Es gibt Gründe, warum die Weihnachtszeit für viele Partnerschaften die größte Belastung des Jahres darstellt.

Unter einem Vorwand zog ich mich auf die Toilette zurück, bis die Liebste gegen die Tür pochte.

«Wir müssen etwas unternehmen!», rief sie. «Das geht so nicht mit dem schiefen Baum!»

«Lass uns vernünftig sein. Dieser Baum ist gerade!»

«Warum schreist du?»

«Ich schreie nicht!», schrie ich. «Ich bin ganz ruhig.»

«Pass auf!», sagte die Liebste. «Bald kommt Luise nach Hause. Und dann kommen Amelie und meine Eltern. Denkst du, ich möchte, dass alle den ganzen Abend lang nur über ein Thema reden: unseren schiefen Baum?!»

Es schien mehr als eine fixe Idee zu sein. Es war ein ausgewachsener Tick. Wenn nicht gar eine Wahrnehmungsstörung.

Ich zwang mich, ruhig zu bleiben, und versuchte, mich in die Position eines Therapeuten hineinzuversetzen. «Selbst wenn der Baum theoretisch schief wäre, was er nicht ist: Was wäre daran so schlimm? Und was könnte schlimmstenfalls noch passieren?»

Sie sah mich konsterniert an. «Das weißt du wirklich nicht? Früher wurde bei uns das ganze Fest hindurch über nichts anderes geredet als über den Baum. Der wurde von Jahr zu Jahr hässlicher, weil mein Vater aus Angst, mit meiner Mutter Ärger zu bekommen, immer später losging, nämlich dann, wenn es keine schönen Bäume mehr gab ...»

«Das tut mir leid», sagte ich. «In meiner Familie war es genauso ...»

«Schon bei meinen Großeltern gab es immer Streit wegen des Baums», fuhr die Liebste fort. «Mein Opa brachte ständig so lausige Strünke nach Hause, dass er Löcher in den Stamm bohren und zusätzliche Zweige einsetzen musste. Trotzdem gab es jeden Heiligabend Streit um den Baum. Es ist sicher kein Zufall, dass mein Opa kurz nach Weihnachten starb!»

Mir war bisher nicht klar gewesen, wie tief das Weihnachtsbaumtrauma in der Familie meiner Liebsten verankert war.

«Dazu wird es bei uns nicht kommen», sagte ich sanft. «Unser Baum ist wunderschön. Und kerzengerade.»

«Männer!» Die Liebste griff sich einen Esstischstuhl und stellte ihn mir vor die Füße. «Schau doch selber! Die Rückenlehne dieses Stuhls ist kerzengerade, richtig? Und jetzt versuch mal, die Lehne in eine Linie mit dem Baum zu bringen!»

Um sie zu beruhigen, tat ich das. Natürlich waren Baumspitze und Rückenlehne in einer Linie.

Mir fiel dafür etwas anderes auf: «Du hast deine Brille nicht an.»

«Kontaktlinsen!»

«Bist du sicher, dass sie drin sind?»

Die Liebste deutete in Richtung unserer Digitaluhr. «Es ist 14 Uhr 34!»

Das war korrekt. Leider, wenn ich an das Puppenhaus dachte. Wir brauchten eine Klärung der Baumfrage, und zwar schnell.

Ich holte die Wasserwaage und hielt sie an den Stamm. Die Blase war exakt in der Mitte.

«Nicht so», rief die Liebste. «Du hältst die Waage schief mit deinen dicken Handschuhen. Warum musst du die eigentlich anhaben?»

«Weil mir kalt ist!», sagte ich.

Auch unser altes Winkelmaß bestätigte meine These vom geraden Baum, war aber nach Ansicht der Liebsten ebenfalls kein ideales Messinstrument, jedenfalls nicht in meinen Händen. Sie hingegen weigerte sich, Technik in die Hand zu nehmen, um ihre These zu untermauern. «Ich sehe es doch ganz deutlich, das reicht!»

Ich suchte nach einer geeigneten Smartphone-App, fand aber nur eine, die eine Wasserwaage imitierte und die meine Liebste höchstwahrscheinlich für ebenso parteiisch gehalten hätte.

Jetzt wurde mir klar, warum der Haushaltswarenladen an der Ecke als «Weihnachtsaktion» lasergestützte elektrische Winkelmessgeräte angepriesen hatte. Bedauerlicherweise war er längst geschlossen.

Das Telefon klingelte.

Sven von nebenan. Er fragte, ob ich eventuell auch als Christkind auftreten würde; offenbar hatte sein Sohn sich von unserer Tochter einreden lassen, dass nur das Christkind echt sei, der Weihnachtsmann hingegen ein Betrüger.

«Ich weiß nicht», sagte ich. «Als Mann ...?»

Ich zischte der Liebsten zu, ob sie den Christkind-Job nicht übernehmen könne. Die zischte zurück, sie müsse sich um unsere Verwandten kümmern und ich könne solche Dinge besser.

Sven räusperte sich am Telefon. «So schwer ist das doch nicht», sagte er. «Sandra kommt dann ja auch als Christkind zu euch. Im selben Kostüm. Das passt dir sicher. Du musst halt nur ein bisschen deine Stimme verstellen ...»

Ich versprach, es mir zu überlegen. Und fragte flüsternd, ob sie denn eigentlich schon ihren Baum aufgestellt hätten.

«Mindestens zwanzigmal», flüsterte Sven zurück, «du kannst dir nicht vorstellen ...»

Die Verbindung brach ab.

«Apropos», sagte ich zur Liebsten. «Ich habe völlig vergessen, Großonkel Josef anzurufen. Und das zu Weihnachten! Das verzeiht er mir nie! Einen Moment!»

Ich zog mich mit dem Telefon ins Arbeitszimmer zurück. Die Liebste kam mir hinterher.

«Ich weiß nicht, wen du wirklich anrufen willst», sagte sie, «aber dein Großonkel Josef ist seit acht Jahren tot!»

Wir kehrten zum Baum zurück. Aus Gründen der Zeitökonomie beschloss ich, meine Argumentationslinie zu ändern.

«Vielleicht hast du recht», begann ich. «Wenn ich mir den Baum ganz genau ansehe ...» Ich brach ab. Denn während ich sprach, hatte ich meine Augen den Stamm entlang schweifen lassen.

«Vielleicht hast du recht!», sagte die Liebste in diesem Moment. «Wenn ich mir die Baumspitze anschaue, sieht die wirklich gerade aus ...»

Ich hatte etwas entdeckt.

Etwa in Augenhöhe meiner Liebsten.

Es war kaum zu sehen.

Aber es war da.

Vor allem, wenn man wusste, dass es da war.

Ich zeigte auf die Stelle.

«Ein Knick!», sagten wir beide gleichzeitig.

Wir starrten uns an. Und dann den Baum.

«Aber das erklärt ja alles!», rief die Liebste. «Über dem Knick ist der Baum gerade. Und darunter schief. Oder umgekehrt. Und du hast immer nur oben geguckt. Und deshalb den Knick übersehen, als du den Baum gekauft hast!»

«Wenn er schon da war.»

«Du denkst, diese Tanne hat den Knick erst bei uns im Wohnzimmer bekommen? Vielleicht noch, weil sie wegen irgendwas beleidigt war?»

Ich hielt das für gar nicht so abwegig, aber das war jetzt nicht das Thema.

«Es ist ja nur ein winziger Knick», sagte ich. «Wir drehen den Baum einfach zur Seite, dann sieht man ihn nicht mehr! So, und nun muss ich ...»

«Aber jetzt sieht man ihn von hier aus!», rief die Liebste. «Wenn man durch die Tür ins Wohnzimmer kommt. Das geht gar nicht!»

Seufzend drehte ich den Baum noch ein Stück. Die Liebste ging im Außenkreis mit.

«Jetzt sieht man ihn vom Esstisch aus», rief sie. «Ganz deutlich!»

Ich schlug vor, den blöden Baum einfach in eine Ecke zu stellen.

Allerdings: Dort war der Knick trotzdem zu sehen.

«Am besten, du gehst zu diesem verlogenen Verkäufer und tauschst den Baum einfach um!», sagte die Liebste.

«Es ist 15 Uhr 30», sagte ich. «Du glaubst doch nicht, dass es noch einen einzigen Baum zu kaufen gibt, der besser ist als dieser hier!»

«Und wenn du an ein paar anderen Verkaufsständen vorbeigehst?»

Das kam nicht in Frage. Ich würde den Teufel tun und mich unter die traurigen Verlierer mischen, die sich jetzt dort herumtrieben.

Außerdem, da war noch das Puppenhaus.

«Vielleicht können wir die Spitze einfach etwas geradebiegen, sodass man den Knick nicht mehr so sieht!», sagte ich und versuchte es.

«Tu es nicht!»

«Warum nicht?», fragte ich. «Nadelbäume sind sehr elastisch! Wenn die Rentiere in der Tundra ...»

Es machte knack. KNACK!

Die Liebste stieß einen Schrei aus.

Und die Spitze des Baums baumelte nur noch an ein paar Fasern.

Der Weihnachtsbaumverkäufer grinste übers ganze Gesicht, als ich auftauchte.

Die Auswahl, die er noch zu bieten hatte, war erbärmlich. Trotzdem gab es drei Aspiranten, alle männlich, die sich fast um die Krüppelkiefer und die halbkahle Fichte schlugen.

An dem anderen Stand in unserer Nähe sah es kaum anders aus. In einer der desillusionierten Gestalten dort erkannte ich von fern meinen Schwiegervater. Mit gesenktem Kopf kaufte er eine Handvoll Zweige. Ich kehrte um, bevor er mich sehen konnte.

Zu Hause war es der Liebsten gelungen, die abgebrochene Spitze mit Hilfe unseres Zollstocks und einer elastischen Mullbinde zu stabilisieren. Zumindest von vorn sah der Baum jetzt wieder gerade aus. Es störte nur etwas, dass die Mullbinde nicht grün, sondern weiß war.

Unsere Tochter Luise traf kurz nach mir ein. Sie sah den geretteten Baum, schluchzte, dies sei das furchtbarste Weihnachten, das sie je erlebt habe, und zog sich türenknallend in ihr Zimmer zurück.

Ich folgte ihr und verlangte ihre Malkästen. Alle.

Sämtliche Grünvorräte reichten gerade, um die Reparaturstelle von drei Seiten zu färben. Nicht, dass sie damit unsichtbar gewesen wäre. Es sah aus, als hätten wir eine bemooste Silvesterrakete an den Baumstamm gebunden.

«Eine Katastrophe!», sagte die Liebste tonlos.

«Nicht, wenn wir wie Erwachsene damit umgehen», sagte ich.

«Willst du allen erzählen, wir hätten uns unseren Baum selbst gebastelt? Lieber klaue ich einen von irgendeinem Nachbarbalkon!»

«Ich habe schon geguckt», sagte ich. «Leider ist keiner in Reichweite. Da fällt mir ein: Wusstest du übrigens, dass immer mehr Leute gar keinen Weihnachtsbaum haben? Vor allem aufgeklärte, kluge Menschen haben diesen albernen heidnischen Brauch nicht mehr nötig ...»

«Wie sind weder klug noch aufgeklärt!»

«Wir könnten ihn an die Wand neben dem Bücherregal stellen», schlug ich vor. «Und die Hälfte des Wohnzimmers, von der aus man die unbemalte Seite sieht, für unsere Gäste sperren. Wir malen einfach eine Linie auf unseren Fußboden, ungefähr hier ...»

«Quer über den Tisch? Was für eine dämliche Idee!»

«Soll ich vielleicht lieber ein paar Zweige kaufen?», rief ich.

Die Liebste nickte nachdenklich. «Warum nicht?»

«Hallo, das war ein Witz!», sagte ich. «Ich werde keine Zweige kaufen. Keinen einzigen.»

«Ein Witz? Wir haben einen Weihnachtsbaum, den man nur von einer Seite angucken kann, in weniger als zwei Stunden kommen unsere Gäste, es gibt keine Alternative mehr – und du machst Witze!»

Tränen rollten ihre Wangen herab. Es war nicht zu fassen.

«Dann stellen wir diesen verdammten Baum eben raus», rief ich. «Wir stellen ihn auf den Balkon. Dann kann man ihn nur von einer Seite anschauen, Schluss, fertig, aus, basta!»

Die Liebste sah mich an.

«Geniale Idee», flüsterte sie, «geniale Idee!»

Wir hatten unseren Weihnachtsbaum kaum eine halbe Stunde draußen stehen, wunderschön geschmückt und dekoriert, da klingelte das Telefon.

Sven war dran: «Alter, so geht das nicht! So können wir nicht Weihnachten feiern!»

«Was ist passiert?»

Ha!
Ha!
Ha!

«Wir gucken vom Wohnzimmer aus auf euren Balkon.»

«Ja, und?»

«Der Baum! Du musst ihn drehen!», rief Sven. «Er ist schief!»

Ein beinahe tödliches Geschenk. Oder: Jesus lebt

15.12.

«Das ist es!», sagte die Liebste – wir hetzten gerade durch die Spielwarenabteilung des Kaufhauses am Hauptbahnhof – und blieb wie angewurzelt stehen. «Vergiss die schwangere Barbie. Vergiss den nervzerkläffenden leinenlosen Hund. Vergiss die Blutspendestation für die Monster-High-Puppen. Das ist es!»

Ich folgte ihrem Finger und ihrem Blick.

In der Ecke stand ein wunderbares Puppenhaus.

Nein, keiner dieser einfachen Kästen aus Pappmaché mit zwei Zimmern und Billigmöbeln. Ein komplettes Haus auf drei Ebenen, größer als unsere siebenjährige Tochter Luise, eine kleine Villa mit Dachterrasse und Garage, liebevoll eingerichtet, bei näherem Hinsehen sogar mit elektrischem Licht und schick designten Retromöbeln, mit Bad und einer Küche, die aussah wie echt.

«Was heißt ‹wie echt›?», lächelte die Verkäuferin und drückte auf den Bedienknopf an der kleinen Waschmaschine, woraufhin ein Spülgeräusch ertönte und sich die kleine Trommel zu drehen begann. «In dieser Maschine wird Ihre Tochter die Wäsche ihrer Puppen wirklich waschen können. Na ja, fast. Und hören Sie mal, wie echt die Espressomaschine in der Küche brummt ...»

Die Liebste sah mich mit leuchtenden Augen an. Kein Wunder. Die moderne Pädagogik weiß, wie sehr Puppenhäuser die kindliche Kreativität fördern, zum freien Spiel anregen und die Kompetenz zum Problemlösen stärken. Außerdem, zur Garage gab es, weihnachtliche Sonderaktion, ein cooles Cabrio, groß genug für die meisten von Luises Kuscheltieren. Und das Beste: Der Preis für all das war erstaunlich gut. So gut, dass man fast glauben konnte, es handele sich um einen Irrtum. Einen Irrtum, den man hier vielleicht bald bemerken würde ...

«Wir nehmen es», sagte ich schnell.

Ich zahlte gleich und vereinbarte mit der netten Verkäuferin, dass ich am nächsten Tag mit einem Auto wiederkommen würde, um das riesige Haus samt Zubehör abzuholen.

für Mausi

16.12.

Ich hatte den größten Kombi gemietet, der zu bekommen war, und sicherheitshalber noch die Rückbank umgelegt.

«Einen Moment», sagte die Verkäuferin, verschwand in Richtung Lager und kam mit einem Einkaufswagen zurück, in dem vier schmale Pakete lagen.

«Ich glaube, das ist ein Irrtum», sagte ich. «Ich hatte ein Puppenhaus gekauft, keine Skateboards ...»

«Genau», sagte sie, «hier ist alles drin. Sie müssen es nur noch aufbauen.»

«Aufbauen?» Das hatte ich nicht eingeplant. Ich musste noch Geschenke besorgen, Pakete packen, meine Arbeit fertigkriegen und last, not least: schlafen. Wenigstens drei, vier Stunden, damit ich nicht beim Weihnachtsessen einschlief.

«Machen Sie sich keine Sorgen», sagte die Verkäuferin. «Das geht ganz fix. Nur kurz die Wände zusammenschrauben. Alles andere ist ja fertig.»

«Wie lange dauert das?», fragte ich.

«Eine, höchstens zwei Stunden», sagte sie. «Je nachdem, wie schnell Sie sind. Und wie geschickt. Es gibt Männer, die waren in einer Dreiviertelstunde fertig.»

Ich senkte meine Stimme, denn in der Spielwarenabteilung waren jede Menge anderer Kunden.

«Entschuldigen Sie», sagte ich, «aber ich habe absolut keine Zeit, das selber aufzubauen. Kann man das auch bei Ihnen machen lassen? Natürlich gegen Bezahlung ...»

«Aber das kriegen Sie doch ganz leicht hin.»

«Vielleicht», raunte ich. «Aber verstehen Sie: Ich fürchte, ich schaffe es zeitlich nicht!»

Sie verdrehte kurz die Augen und beugte sich dann zum Kassenmikrophon. «Hanno, bitte zur Kasse», dröhnte es aus den Deckenlautsprechern. «Ein Kunde will das große Magic-Puppenhaus aufbauen LASSEN ...»

In den Gesichtern der anderen Kunden wechselten sich Spott und Mitleid ab.

Dann bahnte sich ein rotgesichtiger Hüne in Latzhose seinen Weg zu uns. Er hatte eine Stimme, die kein Mikrophon brauchte. «Ich glaub, mein Schwein pfeift!», dröhnte er. «Das Puppenhaus aufbauen lassen! Das hatten wir auch noch nicht. Wer ist der Kunde?»

Die Verkäuferin wies auf mich.

In der Spielwarenabteilung wurde es still. Irgendjemand kicherte verhalten.

Aus den Augenwinkeln sah ich, wie ein junger Mann sein Smartphone zückte. Ich sah schon die Zeile auf Twitter vor mir: «Dieser Mann ist Vater. Und kann nicht mal ein Puppenhaus aufbauen!»

«Nein», sagte ich, «das ist ein Missverständnis. Natürlich kann ich es selber!»

Als die Liebste zu Hause die Pakete sah, wurde sie blass.

«Mach dir keine Sorgen», sagte ich jovial. «Das geht ganz einfach. Eine Stunde höchstens. Mache ich die nächsten Tage nebenbei.»

Sie bat mich inständig, keinesfalls bis zum letzten Tag zu warten.

Ich versprach es; ich sei doch nicht verrückt.

22.12.

In den letzten Tagen hatte mich die Liebste mehrfach und zunehmend nervös nach dem Puppenhaus gefragt. Ich hatte stets versucht, sie zu beruhigen; die Vorweihnachtszeit war schon turbulent genug.

Jetzt fragte sie wieder.

«So gut wie fertig», sagte ich lächelnd.

«Super», rief die Liebste. Ich hatte vergessen, wie neugierig sie obendrein war. «Zeig doch mal!»

«Noch nicht», lächelte ich möglichst geheimnisvoll. «Lass es mich doch bitte morgen früh erst ganz fertig machen!»

24.12.
2.37 Uhr

Als ich in den frühen Morgenstunden erschöpft von den weihnachtlichen Umständen in Richtung Bett wankte, fielen mir die Pakete ein, die noch ungeöffnet im Arbeitszimmer lagen.

Voller Todesverachtung stellte ich den Wecker auf halb sechs Uhr morgens, so würde ich mehr als drei Stunden Zeit zum Aufbau haben.

Um neun wollte ich zum Weihnachtsbaumstand aufbrechen. Bis dahin musste das Puppenhaus stehen.

6.08 Uhr

Um kurz nach sechs war mir klar, dass die Verkäuferin eine unverschämte Lügnerin war, ihr Gehilfe Hanno ein professioneller Schmierenkomödiant und dass es besser gewesen wäre, für den Aufbau des Hauses die ganze Nacht einzuplanen. Besser noch zwei Nächte samt dazugehörigen Tagen. In den vier dicht gepackten Paketen befanden sich Unmengen von Teilen, Kleinteilen und dazu eine lächerliche, schlecht gedruckte zweiseitige Aufbauanleitung, so unübersichtlich, als habe sie ein sadistischer Wimmelbildzeichner gemacht.

Mein erster Impuls war, alles in blinder Wut zu zertrampeln und aus dem Fenster zu werfen. Mein zweiter, alles zurückzubringen, Luise geschenklose Weihnachten zu bescheren und dafür das Christkind verantwortlich zu machen, das wegen des Klimawandels nicht durchgekommen sei.

Erst mein dritter Impuls war, es zu versuchen. Damit Weihnachten nicht schon vorzeitig im Desaster endete.

Außerdem: Was würde die Liebste sagen, die dachte, ich sei damit längst fast fertig?

7.14 Uhr

Nach einer guten Stunde war ich mit der Inventur der Teile durch. Wenigstens war alles da bis auf eine eher unwichtige Platte, die Garagenrückwand. Die würde Luise nicht vermissen.

Weit mehr Sorgen machte mir, dass viele Schrauben einzuschrauben waren. Sehr viele Schrauben.

«Bist du immer noch an dem Puppenhaus dran?», wunderte sich die Liebste, als ich die Werkzeugkiste holte. Sie stand am Esstisch und schob Namenszettel hin und her.

«Nur noch ein paar unvorhergesehene Feinheiten!»,

rief ich und nahm meine Gartenhandschuhe mit, ein Nikolaus-Schnäppchen aus dem Baumarkt; meine Hände waren handwerkliche Gewaltakte nicht gewöhnt.

8.51 Uhr

Der Hersteller des Puppenhauses, eine Firma aus Frankreich mit einem ambitionierten, nach Upperclass klingenden Namen, hatte nicht nur ein einziges großes Puzzle produziert. Er hatte sich obendrein die Mühe gespart, die Bohrlöcher auch nur ansatzweise vorzubohren. Sie waren nicht mal angezeichnet. Langsam dämmerte mir, dass der Kaufpreis des Hauses möglicherweise doch kein Irrtum war, sondern raffiniertes Kalkül.

Die Schrauberei war eine Tortur. Unser Werkzeugkasten war eher spartanisch ausgestattet. Zwar gab es einen Schraubenzieher, aber ich musste ihn mit beiden Händen drehen, um die warum auch immer fünfteilige Bodenplatte zu verschrauben und die zwei Seitenwände des Hauses zu errichten.

«Fertig?», fragte die Liebste, als ich am Wohnzimmer vorbeihuschte. Sie schob die Namenszettel mittlerweile auf dem Fußboden hin und her. Ihr Blick war gehetzter als zuvor, man durfte sie jetzt nicht noch mehr beunruhigen.

«Eigentlich ja, mach dir keine Gedanken», log ich und verbarg meine geschwollenen Handflächen, die signalrot durch die zerfetzten Gartenhandschuhe leuchteten. «Ich muss los, ich will der Erste am Weihnachtsbaumstand sein, damit wir einen tollen Baum kriegen.»

Zuerst aber wollte ich meine Hände im Schnee kühlen. Draußen stellte ich fest, dass dieses Jahr kein Schnee lag.

9.45 Uhr

Als ich mit dem Baum zurückkam, deponierte ich ihn auf unserem Balkon und verschwand ins Arbeitszimmer, um die Rückwand des Puppenhauses einzuziehen. Die Herstellerfirma mochte nichts vom Löcherbohren halten, aber der Dauerhaftigkeit ihrer Produkte fühlte sie sich offenbar umso mehr verpflichtet; selbst die keineswegs tragende Hinterwand musste mit zwölf Schrauben befestigt werden. Kaum war ich damit durch, meine Muskeln begannen bereits ihren Dienst zu versagen, stellte sich heraus, dass die Franzosen wahre Sadisten waren: Auch die Innenwände des Hauses mussten festgeschraubt werden. Und, das entnahm ich einem einfachen dünnen Strich auf der Aufbauanleitung (fünf Seiten zu spät platziert!), das ging nur, solange eine der beiden Seitenwände und die Rückwand noch nicht montiert waren …

Nur die schwäbische Sparsamkeit meiner Vorfahren hielt mich davon ab, dieses Horrorhaus mit gezielten Tritten in eine bunte Pressspanplatte zu verwandeln.

10.27 Uhr

«Fertig?», fragte die Liebste, als ich wieder an ihr vorbeihastete. Sie schob nun zwei Dutzend mit den Namenszetteln dekorierte Teller auf dem Tisch hin und her.

«Natürlich», rief ich. «Ich gehe nur noch schnell nach nebenan zu Sven wegen des Weihnachtsmann-Auftritts später.»

«Warum trägst du in der Wohnung Handschuhe?», rief die Liebste.

«Wie bitte?», rief ich zurück. «Ach so, mir ist etwas kalt …»

Ich ging nicht zu Sven, ich hatte eben schon mit ihm telefoniert. Ich ging zu Herrn Becker, der als Hausmeister über ein enormes Werkzeugarsenal verfügte.

«Ich kenne das», schimpfte er, als er mir den Akkuschrauber aushändigte. «Ich habe meinem Enkel die Autorennbahn aufgebaut.»

«Und?», fragte ich.

«Eine Nacht», sagte er. «Eine ganze beschissene Nacht. Auf der Packung stand etwas von ‹sofort betriebsbereit› …»

Er gab mir noch eine Dose Red Bull mit und wünschte mir feierlich «viel Glück und trotzdem schönes Fest». Herr Becker neigt manchmal zur Dramatik.

11.45

Die Dramatik des Herrn Becker war nicht übertrieben gewesen.

Dank des Akkuschraubers hatte ich zwar alle Zwischenwände eingezogen, nur eine war gebrochen und zwei hatte ich versehentlich kopfüber befestigt. Vergleichsweise Peanuts: Ich würde Luise erklären, dass die aufgemalten Bilder und Vorhänge verkehrt herum hingen, weil es sich um ein Zauberhaus handle.

Aber: Das mit achtzehn Schrauben und unter Schmerzen zusammengefügte Dach ließ sich nicht aufsetzen. Es passte nicht. Es passte einfach nicht. Sosehr ich auch drückte, drehte, zerrte, schlug …

12.30

Es klopfte an die Tür des Arbeitszimmers. Die Liebste.

Ich baute mich vor ihr auf und versuchte zu verhindern, dass sie an mir vorbeisah.

«Was war das für ein Lärm?», fragte sie.

«Nichts ...», sagte ich.

«Bist du immer noch nicht fertig?»

«Doch, natürlich, längst!»

«Kann ich es dann endlich mal sehen?»

«Gleich, sofort ... nur noch eine Winzigkeit.»

Sie sah mich an. Immerhin kannte sie mich seit Jahren. «Du bist noch nicht fertig.»

«Doch, selbstverständlich! Wie ich schon sagte: Es ist nur noch eine ganz kleine Sache ...»

«Ist alles in Ordnung? Du wirkst so seltsam.»

«Jaja. Natürlich ...»

«Kommst du mit runter? Wir wollten doch den Baum schon mal aufstellen ...»

Ich hatte ganz andere Probleme. Mit Schrecken war mir klargeworden, dass es sich bei dem fehlenden Bauteil nicht um die entbehrliche Garagenrückwand handelte, sondern um den unteren Teil der linken Hauswand. Anstelle deren hatte ich die nahezu identische, nur leider kleinere Garagenrückwand angesetzt. Und deshalb passte oben das Dach nicht mehr.

Ich hielt die Aktion mit dem Weihnachtsbaum so kurz wie möglich und stürzte dann wieder ins Arbeitszimmer zurück, das Telefon unter meinem Pullover.

Glücklicherweise war in der Spielwarenabteilung des Kaufhauses noch jemand zu erreichen.

«Oh», sagte ein Mann. «Sie haben eine Wand zu wenig? Davon habe ich noch nie gehört!» Ich kannte die Stimme. Es war dieser rotgesichtige Latzhosenträger.

«Aber es ist so!», sagte ich.

«Junger Mann. Es sind ja doch ziemlich viele Teile, sehen Sie noch mal nach, ganz in Ruhe ...»

«Ganz in Ruhe?», rief ich. «Es ist Heiligabend!»

«Ich erkenne Ihre Stimme», sagte er. «Sie sind der Vater, der das Puppenhaus nicht alleine aufbauen konnte, stimmt's?»

Ich schwieg.

«Wir hatten zu diesem Haus bisher keine einzige Reklamation», fuhr Mister Rotgesicht fort. «Sie sind der Erste, der sich beschwert.»

«Und wenn ...», fragte ich, mich mühsam zur Ruhe zwingend, «wenn die Wand wirklich fehlt?»

«Dann können Sie das Haus selbstverständlich umtauschen.»

In mir keimte Hoffnung. «Heute noch?»

Er wieherte auf. «Was denken Sie? Es ist Heiligabend!»

«Ja eben!», rief ich.

Er legte auf.

Ich wäre vermutlich schluchzend zusammengebrochen, hätte in dem Moment nicht die Liebste gegen die Tür geklopft.

«Was machst du da eigentlich immer noch?»

«Das», stammelte ich, «das darfst du jemanden kurz vor Weihnachten doch nicht fragen ...»

«Wie?», fragte sie. «Wir haben doch ausgemacht: Dieses Jahr schenken wir uns nichts!»

«Ach so, ja doch», sagte ich. «Aber Luise ...»

«Aber Luise», sie betonte jedes einzelne Wort, «kriegt das Puppenhaus. Und das ist doch längst fertig. Sagst du. Oder zumindest fast ...»

«Fast, genau!», erwiderte ich hastig. «Ich muss nur noch zwei kleine Stücke gegeneinander austauschen, die fast identisch sind; keine große Sache also. Ich brauche dafür nur ein bisschen Zeit; es ist nicht ganz unkompliziert ...»

Die Liebste sah mich kurz mitleidig an. Offenbar hielt sie mich für weihnachtsirr, was unterm Strich korrekt war. Dann fiel ihr etwas ein, und ihre Miene verfinsterte sich. «Komm bitte sofort mit zum Baum», sagte sie. «Es ist wichtig!»

14.07 Uhr

Erst nach einiger Zeit konnte ich aus dem Wohnzimmer fliehen und mich mit dem iPad auf die Toilette zurückziehen.

Ich googelte den Namen des Puppenhausherstellers und «fehlendes Wandteil». Es gab rund 4500 Treffer!

Ich fand das Forum einer Selbsthilfegruppe, in der es immer wieder hieß, das Puppenhaus sei nur deshalb so günstig, weil es sich um eine Serien-Fehlproduktion handle. Mehrere Käufer vermissten Wandteile oder das Dach oder beides. Bei manchen klang auch die Waschmaschine wie die Espressomaschine und umgekehrt.

Ich stieß sogar auf einen therapeutisch betreuten Thread mit dem Titel «Geschädigte der linken Seitenwand». Nach der Lektüre wurde mir voller Schrecken klar, dass es nur eine Lösung gab: den unteren Teil der anderen Wand längenmäßig anzupassen. Zwar würden dann im Wohnzimmer nur noch kleine Puppen aufrecht stehen können, anders als im Schlafzimmer, aber so war das eben in einem Zauberhaus.

Viel schlimmer aber war: Um die Wand zu kürzen, musste ich bis auf die Bodenplatten alles, was ich bisher zusammengeschraubt hatte, wieder demontieren.

In meinen Ohren begann es leicht zu rauschen.

14.25 Uhr

In meinen Ohren rauschte es stärker. Klopfgeräusche setzten ein. Ich googelte «Tinnitus».

Es war nur die Liebste. Sie trommelte gegen die Toilettentür, denn sie wollte die Frage, ob der Baum schief sei, weiter diskutieren. Schließlich würden in zwei Stunden die Schwiegereltern und Amelie kommen. Und in einer Stunde wäre Luise zurück vom Zoobesuch mit ihrer Freundin.

14.45 Uhr

Ich ging zu Herrn Becker und fragte nach einer Säge. Er sagte, ich sähe erschöpft aus, dabei sei die Weihnachtszeit doch eigentlich eine besinnliche Zeit. Zurück bei uns verwickelte mich die Liebste in ein erneutes Baumgespräch. Das Rauschen in den Ohren verfestigte sich.

15.07 Uhr

Ich erfand einen billigen Vorwand, um mich von der gemeinsamen Baumschau ins Arbeitszimmer zurückzuziehen. Nach wenigen Minuten holte mich die Liebste kopfschüttelnd zurück.

16.20 Uhr

Kaum hatten wir das Baumproblem gelöst, kaum war ich endlich zurück am Puppenhaus, um es zu demontieren, gab der Akkuschrauber seinen Geist auf.

Herr Becker ging nicht mehr ans Telefon.

Ich wickelte mir Mullbinden um die Hände, zog meine dicken Skihandschuhe darüber und schraubte mit dem Schraubenzieher weiter. Dabei versuchte ich, nicht zu laut zu fluchen und zu wimmern: Luise war nach Hause gekommen, und ihr Zimmer lag nebenan.

Das Telefon klingelte. Ich ließ es.

16.35 Uhr

Als ich die Wand kürzte, einen Hustenanfall vortäuschend, um den Lärm zu übertönen, zerbrach Herr Beckers Säge. Ich schlich in die Küche und holte das Brotmesser. Die Liebste folgte mir. «Sven hat gerade an der Tür geklingelt», sagte sie. «Du gehst nicht ans Telefon ...»

Beeil dich!
BETRETEN DER BAUSTELLE VERBOTEN!
Eltern basteln für ihre Kinder!

«Ich muss mich konzentrieren», sagte ich.

«In einer Viertelstunde sollst du kommen.»

«Wohin?»

«Zu ihnen! Du wolltest doch das Christkind spielen ...»

«Den Weihnachtsmann.»

«Ich glaube, Sven sagte etwas von Christkind. Was ist mit dir? Ist dir nicht gut?»

«Mir geht es hervorragend», log ich. «Mir geht es prima! Ich bin gleich so weit!»

Bevor ich begann, das Puppenhaus wieder zusammenzubauen, zählte ich die Schrauben, denn meine trotz der Handschuhe blutigen Hände brauchten eine kurze Pause. Es waren zweiundzwanzig Stück, die ich noch einsetzen musste.

17.05 Uhr

Das Telefon klingelte wieder und hörte nicht auf. Erst als Luise nebenan an die Wand klopfte, nahm ich ab. Sven.

«Du kannst jetzt kommen», flüsterte er. «Alles, was du brauchst, liegt neben der Tür!»

«Was liegt neben der Tür?»

«Na, der Sack mit den Geschenken. Und die Kleider ...»

«Kleider? Hab ich doch selber», sagte ich. «Extra ausgeliehen. Samt Bart ...»

Sven wurde aufgeregt und sagte etwas, was in meinem Ohrenrauschen unterging, aber ich musste sowieso weitermachen. Es waren noch zwölf Schrauben übrig. Ich stellte das Telefon leise.

17.25 Uhr

Als das Telefon endlich aufhörte zu surren, zog ich gerade die letzte Schraube an, mit den Zähnen, um meine zerfetzten Handflächen zu schonen. Dann, ich hatte keine Mullbinden mehr, wickelte ich meine Tennissocken um die Hände, um die Blutung zu stillen.

17.40 Uhr

Die Liebste klopfte. Ich konnte nicht öffnen, ich konzentrierte mich gerade darauf, beim Verteilen der Möbel im Puppenhaus keine Blutspur zu hinterlassen.

Wütend riss sie die Tür auf. «Weißt du eigentlich, dass in einer knappen halben Stunde ...?»

Dann sah sie mich. «Oh Gott ... was ist mit dir passiert?»

«Nichts», erwiderte ich. Mir war schwindelig, ich schaffte es aber aufzustehen, indem ich mich an ihr hochzog.

Sie kreischte auf. «Was ist mit deinen Händen?»

«Nichts», wiederholte ich monoton. «Es geht mir gut. Es geht mir prima. Es geht mir ganz hervorragend. Ich muss jetzt nach drüben, Weihnachtsmann spielen.»

Ich wankte nach draußen und warf mich in Bart und roten Mantel. Erst als ich bei den Nachbarn geklopft hatte, fiel mir auf, dass der Sack mit den Geschenken nicht wie verabredet vor deren Tür stand.

Sven öffnete und wollte etwas sagen. Mit Schwung stolperte ich an ihm vorbei ins Wohnzimmer, wo die Familie saß, und rief laut: «Ho! Ho! Ho!» Und dann entdeckte ich vor Svens Sohn Laurin, den Sack Geschenke neben sich, ein ausgewachsenes Christkind.

Wir sahen einander ungläubig an.

Laurin sah uns fassungslos an.

Und dann erhob sich Svens Großmutter vom Sofa, trat auf mich zu, starrte auf meine blutigen, notdürftig von den weißen Socken bedeckten Handflächen, kniete nieder und bekreuzigte sich dreifach.

Mir wurde schwarz vor Augen.

18.45 Uhr

Als ich auf unserem Sofa zu mir kam, hörte ich Luise selig quieken: «Ein Puppenhaus, ein Puppenhaus! So eins hab ich mir schon immer gewünscht. Genau so eins, wie Lotta hat!»

«Aber es ist noch nicht ganz fertig», rief ich erschöpft. «Nur noch eine Kleinigkeit! Und überhaupt: Es ist noch nicht Bescherung!»

Ich richtete mich mühsam auf.

«Schau mal», sagte die Liebste. «Amelie ist schon da.»

Unsere Freundin saß am Esstisch.

«Mein altes Puppenhaus», lächelte sie. «Bei Luise ist es jetzt besser aufgehoben.»

Vor ihr auf dem Boden stand – einer dieser einfachen Kästen aus Pappmaché mit zwei Zimmern und Billigmöbeln.

Reiß! Es! Auf!

Ich hatte die Bescherung schon fast überstanden, als unsere Freundin Amelie auf mich zutrat, lächelnd und ein kleines buntes Päckchen in den Händen.

Sofort versuchte ich abzulenken. «Luise!», rief ich laut. «Soll ich dir helfen, die Waschmaschine in deinem Puppenhaus anzuschließen?»

Aber Amelie blieb auf Kurs.

«Ich habe etwas für dich», sagte sie, «noch mal frohe Weihnachten!» Sie drückte mich und mir dabei das Päckchen in die Hand.

Es fühlte sich weich und leicht an. Nach Kleidung. Aber Kleidung hatte ich genug. Das Einzige, was ich brauchen konnte, war ein Schal als Ersatz für den, den ich vor drei Tagen im Zug liegengelassen hatte.

Aber es war so gut wie ausgeschlossen, dass Amelies Päckchen einen Schal enthielt. Jetzt, im Winter, wo man sie brauchte, gab es in den Geschäften keine Schals mehr. Außerdem, Amelie verschenkte keinen Schal. Eher eine klein karierte kratzige Mütze. Ein Stofftaschentuch mit Monogramm. Oder einen Pullover fürs Büro mit tanzenden Pferden. Lauter Geschenke, die eher ihrem Geschmack entsprachen als dem des Beschenkten. Geschenke also, die man am liebsten gar nicht bekam. Vor allem, wenn man, wie ich, Schwierigkeiten hatte, darüber Freude zu heucheln.

«Oh, das ist lieb, Amelie, großartig, vielen Dank», sagte ich. «Einen Moment, ich muss nur schnell ...»

Ich wollte mich nach rechts wenden, aber Amelie stand vor mir und rührte sich nicht vom Fleck.

«Möchtest du es nicht erst aufmachen?», fragte sie zuckersüß.

«Natürlich», sagte ich, «auf jeden Fall, sofort, ich muss nur noch schnell Luise mit der Waschmaschine vom Puppenhaus helfen ...»

In Wirklichkeit hatte ich vor, mich ins WC zurückziehen, die Scheußlichkeit auszupacken und die passende Reaktion vor dem Spiegel zu üben, so lange, bis sie so glaubwürdig wirkte, dass Amelie nicht beleidigt sein konnte.

«Also Papa!», verdarb meine Tochter alles. «Das mit der Waschmaschine kann ich ja wohl alleine! Guck! Schon alles drin! Sogar ein echter Schlüpfer.»

Amelie sah mich abwartend an. Hinter der Freundlichkeit in ihrem Blick verbarg sich eine gewisse Unbarmherzigkeit.

«Einen Moment, liebe Amelie», sagte ich, «ich muss

schnell noch in die Küche, ich habe die Champagnerflasche in der Tiefkühltruhe vergessen, nicht dass sie platzt ...»

«Bitte!», sagte sie. «Mach es vorher doch noch schnell auf! Oder – möchtest du mein Geschenk vielleicht gar nicht ...?»

«Oh doch, warum denn nicht!», rief ich erleichtert, denn mir war gerade etwas eingefallen. «Aber zuerst musst du dein Geschenk aufmachen! Warte mal – wo ist es nur?»

Amelies Blick wurde mitleidig. «Aber das habe ich doch schon ausgepackt. Vor zehn Minuten!»

«Vor zehn Minuten ...» Es war nicht sehr phantasievoll, das zu wiederholen, aber mir fiel nichts Besseres ein. Und bei der Gelegenheit merkte ich, dass meine Stimme piepsig klang.

«Ja, eure wunderbare Kuckucksuhr!», rief Amelie. Und zu meiner Liebsten, die gerade damit beschäftigt war, etwas von Onkel Robert auszupacken, das sich in einer riesigen Umzugskiste befand: «Er sollte nicht so viel arbeiten!»

Nein, daran lag es nicht. Es lag an etwas anderem. Ich habe beim Aufmachen von Geschenken ein Problem: Ich bin nicht überzeugend. Egal ob mir etwas gefällt oder nicht, ich reagiere immer falsch. Zu schwach. Zu stark. Zu unglaubwürdig. Zu glaubwürdig. Mittlerweile reagiere ich allein schon deshalb falsch, weil ich weiß, dass ich immer falsch reagiere. In den letzten Jahren gingen immer mehr Freunde und Verwandte dazu über, meine Reaktion für Ironie zu halten: «Kannst du das nicht wenigstens uns gegenüber lassen?»

Ich versuchte es, woraufhin mir mein Kumpel Nikolaus bei meiner Geburtstagsfeier vorwarf, ich sei kalt wie ein Fisch, und sich seither nicht mehr meldete. Meine Liebste hatte erwogen, mir ein paar Stunden Schauspielunterricht zu schenken, aber es dann gelassen, weil sie anhand meiner Reaktion nicht einschätzen konnte, ob mir die Idee gefiel oder nicht (ich konnte es selber nicht mit Sicherheit sagen – aber das glaubte sie mir natürlich nicht!).

Von alldem wusste Amelie nichts. Ich dagegen wusste, dass ich sie gleich furchtbar enttäuschen würde – musste: Sie zwang mich dazu.

«Gut», sagte ich. Aus den Augenwinkeln sah ich schon die ersten erwartungsvollen Blicke anderer Familienmitglieder. Ich versuchte, mich zu entspannen, und ließ mir absichtlich Zeit mit dem Öffnen der Schleife. Damit noch etwas passieren konnte. An Heiligabend passiert ständig etwas, zumindest anderswo: Der Baum fällt um, bei den Nachbarn bricht Gebrüll aus, der Hund verschlingt den Weihnachtsstollen.

Aber wir hatten keinen Hund, und auch sonst passierte nichts. Im Gegenteil, als meine schweißnassen Finger immer wieder von der Schleife abrutschten, kam meine Liebste mir mit einer Schere zu Hilfe. In einem halbherzigen Akt der Verzweiflung versuchte ich, diese gegen mich zu richten; mit einem blutenden Schnitt würde ich gezwungen sein, ins Bad zu stürzen, um mich zu verbinden. Und vor allem, um das Geschenk zu öffnen.

«Pass auf», rief die Liebste und entriss mir die Schere, «um ein Haar! So, jetzt ist die Schleife auf. Du kannst auspacken.»

«Soll ich dir helfen?», fragte Amelie.

«Danke, das ist sehr lieb, aber nicht nötig», sagte ich. «Wisst ihr eigentlich, dass es morgen bis zu 20 Grad warm werden soll? Und aus dem Zoo sind ein paar Affen ausgebrochen ...»

Niemand reagierte, zumindest nicht so stark, dass ich unauffällig hätte ins Bad verschwinden können.

«Entschuldigt», sagte ich in die gespannten Gesichter. «Ich muss mal unheimlich dringend auf die Toilette ...»

«Papa, du warst doch erst vor zehn Minuten!», rief Luise.

«Kann sein», sagte ich, «aber der Heringssalat ...»

«Den haben wir doch noch gar nicht gegessen!»

«Jetzt komm! Mach es endlich auf!» Amelies Ton war

Uargh!!!

schon weniger freundlich. Spürte sie womöglich meine Vorbehalte?

Ich drehte ihr Geschenk in meinen Händen und überlegte, ob sich ein Stofftaschentuch mit Monogramm umtauschen ließ oder ob man dafür erst einen Käufer mit den gleichen Initialen beibringen musste. Ich dachte außerdem daran, dass manchmal noch am frühen Abend ein verirrter Nachbar oder der Paketbote klingelte oder aber jemand, der in die psychologische Praxis im Erdgeschoss wollte. Doch am Heiligabend war das offensichtlich anders.

«Reiß! Es! Auf!», brach Amelie das Schweigen. «Na los! Oder soll ich?»

«Aber das schöne Papier ...», versuchte ich immer noch, Zeit zu gewinnen.

«Reiß es auf!», riefen alle Anwesenden im Chor.

«Paaaapaaaa!», rief meine Tochter.

Es ging nicht anders. Amelie, so viel war klar, würde in wenigen Augenblicken anfangen, mich zu hassen. Andererseits, sie würde auch anfangen, mich zu hassen, wenn ich ihr Geschenk nicht öffnete.

Mein Puls hämmerte, ich beugte den Kopf tief über das Päckchen, um wenigstens die ersten Sekunden meines Mienenspiels zu verbergen, atmete tief durch, riss das Papier auf. Und versuchte, gleichzeitig und prophylaktisch ein strahlendes Beschenktenlächeln aufzusetzen. Ein Lächeln das, wie ich genau wusste, bei mir eher der Grimasse eines Gefolterten glich.

In dem Papier war etwas Orangefarbenes, das sich angenehm und weich anfühlte. Keine klein karierte Mütze. Kein Stofftaschentuch mit Monogramm. Kein Büropullover mit tanzenden Pferden.

Nein – ein Schal. Ein schöner Schal. Orange mit schwarzen Streifen. Ein Schal, warm, aber nicht kratzig.

Normalerweise habe ich ein Problem mit Schals, aber der hier war schick.

Ich war überrascht. Auch über Amelie.

Und ich wusste, dass ich allmählich unbedingt etwas sagen musste. Und zwar unbedingt das Richtige.

«Oh!», sagte ich. «Das ist ja ein schöner Schal!»

Es klang wie eine erbärmliche Lüge. Es ist auch nicht einfach, aus einem aufgesetzten gefrorenen Lächeln ein echtes Lächeln zu zaubern, vor allem, wenn man schon von vornherein weiß, dass einem das nicht gelingen wird.

«So ein schöner Schal!», wiederholte ich und widerstand dem Drang, mich zu räuspern, um meine Stimme volltönender klingen zu lassen, ehrlicher. Denn ein Räuspern konnte in dem Zusammenhang völlig falsch interpretiert werden, nämlich, als ob ich vor lauter Unwohlsein einen Kloß im Hals hätte.

«Vielen Dank, liebe Amelie!», quetschte ich heraus. «Genau so einen Schal kann ich brauchen!»

Die Gesichter um mich herum verzogen sich.

Amelies Mundwinkel wanderten nach unten.

«Er gefällt dir nicht, oder?», sagte sie, leise Enttäuschung in der Stimme. «Wir können ihn umtauschen ...»

«Doch!», beeilte ich mich zu sagen, zugleich gab ich mir Mühe, noch breiter und glaubhafter zu lächeln. «Er gefällt mir sehr gut! Ich kann ihn bestens gebrauchen. Er ist prima!»

Zur Bekräftigung warf ich mir den Schal schwungvoll um den Hals. Mein Schwiegervater jaulte auf, hielt sich das Gesicht und suchte auf dem Fußboden nach seiner Brille.

Amelies Mundwinkel zitterten. «Du musst dich nicht verstellen. Ich merke doch, dass er dir nicht wirklich gefällt. Ich habe es schon befürchtet; Kleidung ist ja etwas sehr Intimes. Ich hatte auch einen tollen Pullover mit Pferden in der engeren Auswahl, der wäre für dich sicher besser gewesen ...»

«Amelie! Bitte glaube mir: Ich finde diesen Schal einfach phantastisch. Großartig! Ich liebe ihn!!»

Amelie lächelte enttäuscht. «Ich mache mir wirklich Vorwürfe! Schon meine Oma hat gesagt: Je näher am Körper ein Geschenk ist, desto schwerer ...»

«Aber das stimmt nicht!», rief ich.

«Bitte hör auf! Hör auf, höflich zu sein!», rief Amelie, Tränen in den Augen. «Wenigstens zu Weihnachten sollte man ehrlich sein ...»

«... ich bin ehrlich», versuchte ich sie zu unterbrechen, «ich bin ehrlich!»

«... dieser Schal», fuhr Amelie fort, «steht dir kein bisschen. Du siehst damit aus wie eine Mischung aus Goldhamster und Kartoffelkäfer. Wir machen es so: Ich tausche ihn um. Du kannst dir dafür etwas anderes aussuchen. Einverstanden?»

Sie riss mich in ihre Arme.

Ich nickte. Dort, wo sie diesen schönen Schal gekauft hatte, gab es sicher noch mehr davon.

«Gratuliere», sagte die Liebste später am Abend. «Bei Amelies abscheulichem Schal hast du genau richtig reagiert. Woher kannst du das auf einmal?»

Die vegane Gans

Am 26. Dezember, vor Tagesanbruch, rüttelte mich die Liebste wach.

«Wir dürfen Nadine keinesfalls neben Julia setzen», sagte sie. «Sonst reden die zwei den ganzen Abend über Krankenhaus-Schichtdienste und über Patienten, die niemand schreien hört.»

Ich ächzte.

«Wenn wir aber Julia und Robert neben Nicole und Florian setzen und dabei Robert neben Florian sitzt, reden die zwei den ganzen Abend nur über Steuersparmodelle», fuhr sie fort. «Andererseits: Robert neben Amelie geht auch nicht. Sie sagt, beim Essen neben einem Raucher zu sitzen, das sei, wie aus einem Aschenbecher zu trinken – Mensch, warum musste sich Amelie von Gerald trennen? Wenn wir den als Fender hätten dazwischensetzen können, wäre alles in Ordnung ...»

«Willst du ihn fragen, ob er kommen möchte?», murmelte ich.

«Das meinst du nicht ernst!» Die Liebste griff nach der

Liste auf dem Nachttisch, auf der alle Weihnachtsessensgäste notiert waren samt kulinarischen Vorlieben und Abneigungen sowie sonstigen wunden Punkten. «Ach so, stopp!», sagte sie. «Das würde sowieso nicht gehen. Tim und Nadine bekommen vegane Gans und wollen keinesfalls vor der echten sitzen ...» Sie seufzte. «Früher war es wirklich einfacher.»

«Mach dir nicht so viele Gedanken», sagte ich, «wenigstens wissen wir seit vorgestern, dass Onkel Franz nicht kommt, weil er über die Feiertage in die Asthma-Ambulanz muss.»

Die Liebste nickte.

«Und alles ist gut vorbereitet», sagte ich. «Wir haben doppelt so viel zu essen wie nötig. Wir haben Bier, Wein, Diätwein, Wein für Kinder und Wein ohne Alkohol. Wir haben Schokoladensoufflé, speziell für Julia ohne eine Spur von Nüssen. Und ich habe für Tim und Nadine bei Feinkost-ohne-Tod eine kleine vegane Gans aus Tofu gekauft, die einzige, die es gab, extra ...»

«Du findest immer noch, dass sie gut aussieht?», fragte die Liebste.

«Wunderbar», sagte ich. «Sie ist ein Kunstwerk. Und du wirst sehen: Alles wird gut.»

Am Abend sah es kurze Zeit tatsächlich so aus. Alle Gäste waren gut angekommen, standen im Wohnzimmer und unterhielten sich. Da klingelte das Telefon.

Menu
Gans vegan

Onkel Franz.

«Wie geht es dir?», fragte ich. «Sind die Ärzte nett?»

«Keine Ahnung», sagte er. «Ich bin am Bahnhof! Wie ist noch mal eure Adresse?»

«Oh nein», sagte die Liebste, als ich aufgelegt hatte, und zog die Sitzordnungsliste aus ihrem Dekolleté. «Wo setze ich ihn nur auf die Schnelle hin? Keinesfalls neben meinen Vater. Erst recht nicht neben deinen. Und neben Tante Elise geht gar nicht, dann ist Weihnachten sofort in Gefahr. Neben deinen Bruder?»

«Lieber nicht», sagte ich. «Du weißt, er ist CDU-Anhänger.»

«Ach je, stimmt», rief die Liebste. «Neben deine Mutter? Nein, die beiden streiten sich sofort über Kindererziehung.»

«Und wenn du ihn alleine an den Tisch in der Küche setzt?», schlug ich ironisch vor. «Oder ins Kinderzimmer?»

«Meinst du?» Die Miene der Liebsten hellte sich auf.

Es klingelte. Als ich vom Öffnen der Wohnungstür zurückkam, nahm mich Florian beiseite.

«Bruderherz», sagte er. «Darf ich dich um einen kleinen Gefallen bitten? Du weißt ja, Nicole hat schon immer wenig Fleisch gegessen ...»

Ich erinnerte mich nur, dass Nicole sich für heute

ausdrücklich mageres Fleisch gewünscht hatte. Es war nicht einfach gewesen, eine Gans zu finden, deren Verkäufer das von seinen Tieren behauptete. Es war insgesamt nicht einfach gewesen, weil meine Eltern darauf bestanden hatten, dass es sich um eine Biogans handeln müsse, weil es Julia wichtig war, dass diese Gans sich zu Lebzeiten nussfrei ernährt hatte, und weil Tante Elise in letzter Minute die Frage aufwarf, ob es nicht besser sei, ein Tier zu bevorzugen, das in katholischem Umfeld aufgewachsen sei.

Wir waren kurz davor gewesen, jeder Partei ihren eigenen Vogel vorzusetzen, aber hatten uns dann entschieden, Julias Wunsch als neurotisch auszublenden, Tante Elises Wunsch sowieso. Und jetzt eröffnete mir mein Bruder: «Wir essen mittlerweile ganz fleischlos.»

«Gans fleischlos?» Ich sah ihn konsterniert an.

Florian nickte. «Das ist doch wahrscheinlich kein Problem. Ihr habt ja sowieso ein veganes Gericht …»

«Jaja, absolut.» Ich vermaß in Gedanken die Größe der veganen Gans. Sie hatte im Veganershop als Deko in der Tofutheke gedient, und ich war stolz darauf, den Zuschlag bekommen zu haben, knapp vor einem ausgezehrten Strickpulloverträger. Aber sie war klein und würde höchstens für drei reichen. «Also, das heißt», fragte ich leicht panisch, «Nicole möchte definitiv kein

Fleisch? Nicht mal ausnahmsweise heute? Nicht mal – extrem mageres? Unwahrscheinlich leckeres?»

Florian schüttelte den Kopf. «Wir beide fänden es am besten, wenn wir die armen Kreaturen nicht mal aus der Nähe sehen würden. Weißt du, ich wollte es dir rechtzeitig sagen …»

«RECHTZEITIG?» Ich sah zur Küchentür, hinter der die magere, scheinkatholische, angeblich nussfreie Biogans seit Stunden im Ofen garte. Aber mein Bruder war schon dabei, Tim zu begrüßen.

Ich suchte die Liebste für ein Krisengespräch.

Sie stand mit meiner Mutter und Onkel Franz in der Küche. Onkel Franz trug Anzug und ein blütenweißes Smokinghemd.

«Glaubt doch nicht, was dieser Spaßverderber von Arzt sagt!», sagte er gerade. «Der Hund wollte mich nicht gehen lassen. Aber Weihnachten feiert man doch mit der Familie!»

«Aber Franz!», sagte meine Mutter. «Dein Asthma!»

«Asthma? Dass ich nicht lache.» Er griff in die Tasche. «Habt ihr Feuer? Im Zug durfte ich nicht …»

«Wir rauchen nicht», sagte die Liebste.

«Franz!», rief meine Mutter. «Dein Asthma!»

Onkel Franz nickte, fischte ein silbernes Zigarettenetui aus der Tasche, klopfte mit eleganten Bewegungen eine Zigarette heraus und zündete sie an.

Die Liebste schob ihn zum Fenster, riss es auf, kam zurück und zückte ihren vielfach verkrakelten Sitzplan.

«Was machen wir jetzt mit ihm?», flüsterte sie. «Wenn er wieder angefangen hat zu rauchen, können wir ihn keinesfalls neben Amelie setzen. Also muss er doch neben deinen Bruder, und wir haben eine Politikdebatte. Oder halt – wir setzen deine Eltern um und deinen Vater auf die andere Seite von Onkel Franz. Der quatscht ihn so zu, dass er selber nicht mehr weiß, welche Partei er gut findet!»

«Das geht nicht», sagte ich. «Florian und Frau möchten vegane Gans. Und wollen nicht vor der echten sitzen ...»

Die Augen der Liebsten weiteten sich.

«Da seid ihr ja!», rief Nadine, die mit Tim in die Küche kam. «Die vegane Gans soll so schön sein – können wir die mal sehen?»

Die Liebste zeigte auf den Tischofen, den wir von den Nachbarn geliehen hatten, weil im Backofen die andere Gans garte.

«Sehr verlockend!», meinte Tim nach einem Blick durch die Scheibe.

«Ich hoffe, sie reicht für alle. Wenn ich daran denke, dass Tante Elise auch noch etwas abhaben will ...»

«Tante Elise?», stammelten die Liebste und ich.

«Wusstet ihr das nicht?», fragte Nadine. «Na gut, sie ernährt sich nicht vegan, sondern nur vegetarisch, und das auch nur zurzeit und wegen ihres Rheumas ...»

«Macht das einen Unterschied?», fragte ich hoffnungsvoll.

«Höchstens bei der Füllung», lächelte Nadine. «Aber für uns drei wird es schon reichen ...»

«Das sieht ja appetitlich aus!», näherte sich Onkel Franz. «Darf ein alter Mann davon dann auch ein Stück ...?»

Die Liebste klatschte hektisch in die Hände. «Ihr Lieben! Bitte alle aus der Küche, alle aus der Küche ...»

Als wir allein waren, nahm sie meine Hand. «Meine Mutter», sagte sie dann, «hat mich gefragt, ob sie von der veganen Gans etwas abhaben kann; sie hat neulich eine Sendung über Massentierhaltung gesehen. Und mein Vater möchte auch ein Stück. Aus Solidarität.»

Wir starrten uns an.

«Selbst wenn wir Gulasch aus ihr machen», sagte ich, «diese vegane Gans ist niemals genug für alle.»

«Ach so», sagte die Liebste mit abwesendem Blick. «Meine Eltern haben wenigstens nichts davon gesagt, dass sie nicht vor der echten Gans sitzen wollen ...» Sie zückte einen Kugelschreiber und begann, Pfeile auf ihren Zettel mit der Sitzordnung zu malen.

«Bitte geh nach draußen», sagte sie. «Halte die Leute

bei Laune und verhindere, dass sie sich vorzeitig setzen!»

«Wie soll ich das machen?», rief ich. «Gedichte aufsagen? Rad schlagen? Wir brauchen eine zweite vegane Gans. Und heute ist der zweite Weihnachtsfeiertag. Nirgendwo hat ein Geschäft auf!»

«Sicher?», fragte die Liebste.

«Außer vielleicht am Flughafen …»

Die Liebste strich ihre gemalten Pfeile wieder durch. «Ich brauche meine Tischkarten mit den Namen», murmelte sie. «Wo sind sie nur?»

Sie begann, in der Küchentischschublade zu wühlen.

Ich stürzte aus der Küche, rief unsere Tochter und sagte ihr, dass es nun an der Zeit sei, erwachsen zu werden und Verantwortung zu übernehmen.

«Wie bitte?», fragte Luise.

Ich fuhr fort, für Erklärungen sei keine Zeit, und bat sie, im Wohnzimmer erst Gedichte aufzusagen und dann Rad zu schlagen oder beides gleichzeitig und allen mitzuteilen, es sei bald so weit, aber es dürfe sich noch niemand hinsetzen.

«Papa», fragte Luise. «Was ist denn mit dir los?»

«Ich habe zu tun», erwiderte ich, griff nach meinem Mantel und stürzte aus der Tür. Luise zeigte auf meine Füße und rief noch etwas, das ich nicht mehr hörte.

Es dauerte einige Zeit, bis der Taxifahrer verstanden

Gans wie?
Gans vegan!
Gans nicht vegan!

hatte, dass ich zwar ohne Gepäck und in Hausschuhen zum Flughafen wollte, aber trotzdem nicht wahnsinnig war.

Ich bat ihn, vor dem Terminal zu warten.

Der einzige Supermarkt, der geöffnet hatte, führte keinen Tofu, allerdings wies mich eine Angestellte darauf hin, dass es im Obergeschoss des anderen Terminals ein veganes Restaurant gab.

Als ich dort keuchend ankam, schloss gerade ein Mann die Tür ab.

Ich schrie, er müsse mir helfen.

Ich hatte Glück. Er hatte noch einen Fünf-Kilo-Klumpen Tofu im Kühlschrank, den er mir verkaufte. «Ich weiß auch nicht, woher Sie jetzt jemanden kriegen, der daraus eine Gans macht ...», sagte er. «Der Kollege, der das immer bei uns macht, er wollte früher mal Künstler werden, hat heute natürlich frei.»

«Ist er verreist?», fragte ich.

«Das glaube ich nicht. Er hat keine Familie, und als Küchenhilfe kann man sich nicht viel leisten ...»

Der Küchenhelfer wohnte in einer Siedlung unweit des Flughafens und öffnete im Unterhemd. Ich erläuterte ihm den Grund meines Kommens.

Er sagte, ich sei verrückt.

«Nicht ich bin verrückt, meine Familie ist es», erwiderte ich. «Und wenn Sie heute Abend nichts weiter vorhaben, würde ich Sie als Dank für Ihre Hilfsbereitschaft gerne zu unserem Weihnachtsessen einladen ...»

Der Mann, er hieß Peter, begann im Taxi sofort, an dem Tofuklumpen herumzuschnitzen, und bis wir vor unserer Tür hielten, war die Gans so gut wie fertig. Sie sah noch lebensechter aus als die erste.

Ich war überrascht, dass die Liebste es so leichtnahm, dass ich ihren Sitzplan wieder durcheinanderbrachte.

«Schön, dass Sie da sind!», begrüßte sie Peter. «Ich könnte Sie zwischen Onkel Franz und Tante Elise setzen, die sich sonst ständig anstänkern würden. Rauchen Sie? Nein?! Hervorragend! Dann könnte Amelie Ihnen gegenübersitzen. Aber Sie sind vermutlich Veganer?! Nein? Wirklich nicht?! Das ist ja herrlich!»

«Dieser Mann», flüsterte mir die Liebste zu, «ist genau der Joker, den wir gebraucht haben! Jetzt geht die ganze Platzordnung auf!»

Ihre Tischkarten in der Hand, eilte sie ins Wohnzimmer.

Die Gäste zu platzieren, das Essen auf den Tisch zu bringen, Onkel Franz klarzumachen, dass im Wohnzimmer absolut nicht geraucht werde, und Julia zu versichern, dass Knödel und Rotkraut absolut nussfrei seien – all das war vergleichsweise ein Kinderspiel.

Nur als wir dann endlich die Gläser erhoben, schluchzte Nadine auf. «Ich kann das nicht!»

«Was?», fragte ich.

«Die Gans!» Sie zeigte auf das vegane Tier, das Peter geschnitzt hatte.

«Aber Nadineschatz, die ist doch total vegan!», rief die Liebste.

«Eben!», schluchzte Nadine. «Aber dafür sieht sie viel zu echt aus ...»

Peter, er hatte bereits drei Gläser Weißwein getrunken, wollte etwas sagen, aber Amelie hielt ihm den Mund zu.

Ich bot allen anwesenden Veganern an, sämtliche anwesenden Gänse eindeutig zu beschriften.

Mein Vater sprang auf, klatschte in die Hände und bat alle, kurz an die Balkontür zu treten; der Sternenhimmel sei atemberaubend.

Bis Onkel Franz rief, er sehe keinen einzigen Stern, hatte mich die Liebste schon in die Küche gezogen.

Wir zerlegten die beiden veganen Gänse in kleine tellerfertige gleichmäßige Stücke. Stücke denen man nicht ansah, ob sie nun aus Brust oder Keule stammten. Aus Gerechtigkeitsgründen verfuhren wir mit der echten Gans genauso, und eben wollte ich die ersten zwei der vier Gänseplatten ins Wohnzimmer tragen, da stürmte Tante Elise aufgebracht in die Küche.

«Ich finde meinen Platz nicht mehr», rief sie. «Das heißt, auf dem Platz, der mutmaßlich meiner ist, sitzt nun eure Freundin Amelie, die unbedingt neben diesem Peter sitzen will ...»

«Das ist doch kein Problem» – die Liebste war erstaunlich ruhig –, «schau doch einfach auf die Tischkarten, und dann tausch deinen Platz mit dem von Amelie.»

«Da sind keine Tischkarten», sagte Tante Elise.

Die Liebste stieß einen Schrei aus und rannte nach draußen. Es stellte sich heraus, dass Luise und Julias Tochter Philine sämtliche Namenszettel abgeräumt hatten, um Blümchen und Sternchen daraufzumalen, und es brauchte gute fünfzehn Minuten und zwei Proben, bis die geänderte Sitzordnung wiederhergestellt war.

Die Gänse waren eine positive Überraschung. Die Biogans schmeckte hervorragend, und alle, die von der veganen Gans aßen, waren der einhelligen Meinung, so etwas Köstliches noch nie gegessen zu haben.

Beseelt ging die Liebste in die Küche, um den Nachtisch zu holen.

Als sie nicht wiederkam, ging ich hinterher.

Die Liebste stand blass vor zwei Platten mit Fleischstücken.

«Die haben wir vorhin vergessen.»

«Was ist das?», fragte ich.

Die Liebste sah mich an. «Die vegane Gans!»

Fegefeuer im Treppenhaus

«Was meinst du?», fragte ich die Liebste eines Abends, wir saßen apathisch auf dem Sofa, erschöpft von den Weihnachtstagen. «Wollen wir den Baum dieses Jahr nicht etwas früher entsorgen?»

«Aber es ist doch erst der Siebenundzwanzigste», protestierte die Liebste.

«Ich meine doch nicht jetzt», sagte ich schnell. «In drei, vier Tagen. Solange die Nadeln noch so fest dran sind, dass man ihn vorsichtig aus der Tür tragen kann, ohne dass gleich das Schlimmste passiert. Du weißt doch, wie empfindlich hier alle im Haus sind ...»

«Du meinst doch nicht etwa: vor Silvester?», fragte die Liebste schockiert.

Daran hatte ich tatsächlich gedacht. Ich hatte allerdings nicht mit dieser Betroffenheit gerechnet.

«Natürlich nicht vor Silvester», sagte ich eilends, «aber gleich danach vielleicht ...?»

Die Liebste legte mir den Arm um die Schulter. «Denk bitte daran», sagte sie, «die Tage nach Silvester sind meistens die gemütlichsten. Wie oft wir da noch den Baum anzünden ...»

«Höchstens ein Mal, wenn überhaupt ...»

«Aber wir könnten ihn anzünden, wenn wir wollten. Einfach so. Allein dieses Gefühl: Wann hat man schon diese Möglichkeit, diese Wahl? Doch nur ein einziges Mal im Jahr ...»

«Aber dieses Jahr steht unser Baum sowieso draußen auf dem Balkon. Es fällt doch überhaupt nicht auf, wenn er etwas früher weg ist. Wir können ja stattdessen einfach ein paar stimmungsvolle Kerzen aufstellen ...»

«Und ob das auffällt», rief die Liebste. «Und zwar nicht nur uns, sondern auch den Nachbarn!»

Der Baum blieb. Und das Risiko, dass seine Entsorgung wie jedes Jahr zu einem Desaster wurde, wuchs tagtäglich. Obwohl er draußen stand, konnte man förmlich zusehen, wie seine Nadeln immer trockener wurden. «Komm bitte rein», sagte die Liebste. «Du wirst Grippe kriegen, wenn du stundenlang auf dem Balkon vor dem Baum kniest. Und wozu brauchst du die Lupe?»

«Vom Zustand der Nadeln her hätten wir vielleicht eine kleine Chance», erwiderte ich. «Wenn wir den Baum sofort runterbrächten, könnten wir noch glimpflich davonkommen. Ohne im Treppenhaus und im Fahrstuhl allzu viele Nadeln zu verlieren, ohne stundenlange Kehraktionen und verstopfte Staubsauger, ohne Stress mit den Nachbarn ...»

Die Liebste schüttelte den Kopf. Sie hat eine Eigenschaft, die ich manchmal bewundere, nämlich die, Probleme wegzuschieben, bis es zu spät ist. Aber wie gesagt: Ich bewundere diese Eigenschaft nur manchmal.

Am nächsten Tag beim Frühstück erwähnte ich erneut die enormen Vorteile einer sofortigen Baumentsorgung.

Die Liebste bat mich, den Baum wieder hinzustellen und sofort nach drinnen zu kommen.

Am Tag darauf hörte niemand aus meiner Familie mehr auf mich.

Zu Silvester lösten sich die ersten Nadelbüschel, wenn man kräftig genug zog. Drei Tage später reichte es schon, wenn man leicht zog. Dazu war ich kaum noch in der Lage; zu Heilige Drei Könige am 6. Januar lag ich fiebernd und hustend im Bett.

«Um Himmels willen», sagte die Liebste zwei Tage später. «Der Baum nadelt! Und wie!»

«Das habe ich doch schon die ganze Zeit gesagt.»

«Hör auf! Wir müssen etwas unternehmen! Nein: du! Bevor es noch schlimmer wird!»

«Es kann kaum schlimmer werden», sagte ich. «Es ist zu spät. Wir sind mit offenen Augen ins Verderben gelaufen ...»

Wir kamen zu dem Schluss, dass es nur noch zwei Möglichkeiten gab: den Baum sofort durch das Treppenhaus runter an den Straßenrand zu schaffen, wo ihn die Müllabfuhr mitnehmen würde. Und anschließend qualvolle Stunden darauf zu verwenden, sämtliche Nadelspuren im Treppenhaus und im Fahrstuhl zu beseitigen, und zwar so gründlich, dass sich niemand beschweren konnte, was unmöglich war, vor allem bei Frau Marold aus dem zweiten Stock. Oder den Baum dann zu entsorgen, wenn möglichst wenige der anderen Hausbewohner dies bemerkten, nämlich klammheimlich und nachts, und die letzte Feinarbeit beim Wegkehren der Nadeln dem Treppenhaus-Putzdienst zu überlassen. Der kam am Mittwoch früh wieder.

Gefühlt war das selbst für eine Last-Minute-Baumentsorgung zu spät. Aber genau deshalb würden unsere Nachbarn ihre Bäume bis dahin längst an die Straße gestellt haben – und davon ausgehen, dass auch alle anderen das bereits getan hätten, also nachts nicht mehr wach liegen und auf verräterische Geräusche lauschen.

Außerdem: Einige Hausbewohner waren bis Mittwoch noch verreist.

Am Dienstagabend kam ich also extra früher von der Arbeit nach Hause. Und traf auf dem Weg zum Fahrstuhl Max. Max, der mit seiner Familie eigentlich noch in den Dolomiten beim Skifahren sein wollte.

«Wollten wir auch …», sagte er. «Aber die Arbeit! Ist so viel dieses Jahr.»

«Auch zu Hause wahrscheinlich», heuchelte ich Verständnis. «Das Aufräumen, der Baum …»

«Der Baum?», lachte Max. «Der ist längst weg. Ich habe doch keine Lust, unser schönes Treppenhaus vollzunadeln und Ärger zu bekommen.» Sein Lachen klang übertrieben. «Und euer Baum» – er bemühte sich, seine Stimme beiläufig klingen zu lassen –, «euer Baum ist noch da?»

Ich lachte zurück, hoffentlich glaubwürdiger als er. «Wo denkst du hin? Wie haben ihn schon vor Wochen entsorgt!» Max würde die Lüge nicht bemerken. Seine Wohnung ging nach vorne raus, unser Balkon mit dem Baum aber nach hinten.

«Gut!» Er winkte mir zu und drückte auf den Fahrstuhlknopf. «Dann hoffen wir mal, dass nicht noch jemand anders aus dem Haus seinen Baum bis zum finalen Termin in der Wohnung versteckt.»

«Bis zum finalen Termin?», fragte ich.

Max nickte. «Morgen nimmt die Müllabfuhr zum letzten Mal alte Weihnachtsbäume mit.»

Ich beschloss, die Treppe nach oben zu nehmen. Max war nicht der einzige Spontanrückkehrer; zwei Stockwerke höher huschte Frau Marold, die behauptet hatte, sie sei die ganze Woche bei ihrer Cousine im Harz, hastig in ihre Wohnung. Auch hinter der Tür von Sven, angeblich mit Frau und Kind beim Eisbaden an der Ostsee, raschelte es. Und alle hatten offenbar nichts Besseres zu tun gehabt, als vor ihren Türen so gründlich zu kehren und zu wischen, dass dort jedes Stäubchen aufgefallen wäre; erst recht jede Nadel.

Auch später war im ganzen Haus erstaunlich viel los. Jedes Mal, wenn ich vor die Wohnungstür trat, um meine Laufschuhe geradezurücken oder um nachzusehen, ob die Fußmatte noch da war, hörte ich hastige Schritte und sich schließende Türen.

«Kein guter Tag für das, was wir vorhaben», sagte die Liebste. Sie hatte Luise ins Bett gebracht, den Baum abgeschmückt, ihren schwarzen Trainingsanzug angezogen und sich Ruß auf Stirn und Wangen geschmiert. «Können wir die Aktion verschieben?»

«Ausgeschlossen», sagte ich.

Wir leerten gemeinsam eine Tüte Chips. Dann rief ich den Fahrstuhl, um die leere Verpackung nach unten zur Mülltonne zu bringen und dabei unauffällig die Lage zu checken.

Es war uns jemand zuvorgekommen. Als die Aufzugtüren sich öffneten, war die ganze Kabine voller Baumnadeln.

Ich schrak ostentativ zurück, die Hände leicht erhoben, im Gesicht missbilligende Abscheu, damit allen Nachbarn, die mich durch ihre Türspione beobachteten, klar war, dass ich nichts damit zu tun hatte. Dann nahm ich die Treppe. Hinter Faltermeyers Tür waren gedämpfte Sägegeräusche zu hören, die aussetzten, als ich vorbeiging.

Tatsächlich, der Weihnachtsbaumhaufen vor dem Haus war größer geworden.

Ich stieg wieder nach oben. Im zweiten Stock ging das Treppenhauslicht aus. Ich stolperte, Frau Marolds Tür flog auf, und ein Lichtkegel erfasste mich. Mich und meine leeren Hände.

Enttäuscht knipste Frau Marold das Deckenlicht an.

«Wie geht es Ihrer Cousine im Harz?», fragte ich. Etwas anderes fiel mir auf die Schnelle nicht ein.

«Cousine im Harz?» Frau Marolds Gesicht wurde nachdenklich.

Weiter oben im Treppenhaus schloss jemand hastig eine Tür.

Ich wünschte Frau Marold einen geruhsamen Abend und ging weiter.

Im dritten Stock führte eine frische Nadelspur von Herrn Siebels Wohnungstür zum Fahrstuhl.

Als ich im vierten Stock war, hörte ich, wie sich unter mir leise eine Tür öffnete. Ich blieb stehen und wartete.

Das Licht ging aus, dann hörte ich fegende Geräusche. Ich schlug auf den Lichtschalter, war mit wenigen Sätzen auf dem Treppenabsatz und sah nach unten.

Herr Siebel, in der Hand einen Besen, auf dem Kopf eine Stirnlampe, stand starr wie ein geblendeter Maulwurf. Und die Nadelspur zum Fahrstuhl begann nun nicht mehr an an seiner Tür, sondern an der seiner Nachbarin Simone

Was reichlich unglaubwürdig wirkte, wenn man dank Herrn Siebels offen stehender Wohnungstür sah, dass genau diese Spur trotzdem in seinem Flur ihren Anfang nahm.

Ich grüßte vorwurfsvoll.

Herr Siebel grüßte zurück, folgte meinem Blick und tat sofort so, als sei er schon die ganze Zeit dabei gewesen, alle Nadeln, auch die vor Simones Tür, eilfertig auf einen Haufen zu kehren.

Ich lief schnell in unser Stockwerk zurück und rief den Fahrstuhl. Ich hatte jetzt einen Plan. Wir würden unseren Baum im vollgenadelten Aufzug nach unten bringen, und Herr Siebel würde dann unsere Nadeln zusammen mit seinen aufkehren müssen. Vielleicht, ich mochte den Mann nicht besonders, würden wir den Baum auch einfach nur in den Fahrstuhl legen und Herrn Siebel den gesamten Entsorgungsprozess überlassen.

Aber jemand war schneller gewesen. Der Fahrstuhl kam nicht. Aus einem der unteren Stockwerke hörte ich Rumpeln und hämisches Kichern. Und zwei Stockwerke unter uns das Klackern von Herrn Siebels Fingern auf dem Fahrstuhlknopf und sein leises, gotteslästerliches Fluchen.

Als ich mich unserer Tür näherte, öffnete die Liebste. «Wir müssen anfangen!», raunte sie. «Bevor es zu spät ist!»

«Es ist noch zu viel Aktivität im Treppenhaus», sagte ich.

«Wir sollten nicht länger warten. Ich muss morgen früh raus. Lass uns alles auf eine Karte setzen. Wenn wir Pech haben und jetzt zwei Stunden das Treppenhaus kehren müssen, geht das zeitlich gerade noch.»

Wir löschten das Licht, traten leise auf den Balkon und hoben den Baum an. Die Nadeln rieselten über unsere Hände.

Wir bugsierten die knochentrockene Tanne durch die Balkontür ins Wohnzimmer, leerten unsere vollgenadelten Schuhe, öffneten die Wohnungstür und lauschten ins Treppenhaus, bis die Fegegeräusche von Herrn Siebel verstummt waren.

«Los», sagte die Liebste. «Jetzt ...»

Weiter unten im Treppenhaus begann es zu krachen

und zu poltern, als bräche ein Elefant durchs Unterholz.

Die Liebste lief zum Geländer und spähte nach unten.

«Ein vermummter Mann», reportierte sie mir und den Nachbarn, die ebenfalls erschienen waren, in Nachthemd und Schlafanzug. «Er schleift wie ein Berserker einen Baum über die Treppe nach unten ...»

Plötzlich hörte der Lärm auf. Dafür hörte man die triumphierende Stimme von Frau Marold.

«Na und?», brüllte eine Stimme zurück, es war die von Max. «Natürlich mache ich das alles gleich wieder sauber, bis auf die letzte verfluchte Nadel! Aber was fällt Ihnen ein, mir wie ein Teufel in den Weg zu springen? Lassen Sie meine Mütze los!»

Die Nachbarn und wir zogen uns kopfschüttelnd zurück und wünschten einander gute Nacht.

«Warte», raunte die Liebste, als unsere Tür zu war, und spähte durch den Türspion. «Sie hatten alle beide Stiefel an. Ich glaube nicht, dass sie damit schlafen ... Ah, na also! Da kommen sie. Raffiniert! Ihr Baum ist völlig kahl! Sie haben alle Nadeln abgestreift und in einen großen Plastiksack gestopft, den sie jetzt in den Fahrstuhl ...»

Ein Ratschen war zu hören, dann erklang bitterliches Fluchen aus zwei Kehlen. Danach nur noch resignierte Fegegeräusche.

«Sie werden ewig brauchen, bis sie fertig sind», flüsterte die Liebste. «Was machen wir jetzt?»

«Wir gehen in die Offensive», schlug ich vor. «Wir sägen den Baum kurz und klein und stopfen ihn in Plastiksäcke.»

Wir machten uns sofort an die Arbeit. Die wurde dadurch beeinträchtigt, dass wir weder eine Säge noch Plastiksäcke in der Wohnung hatten, dass unser Brotmesser an dem Stamm abbrach und unsere Steakmesser zu stumpf waren.

An jedem anderen Abend hätte ich bei Hausmeister Becker eine seiner vielen Sägen ausgeliehen. An diesem Abend allerdings wäre das taktisch unklug gewesen.

Wir traten auf den Balkon, um uns in Abwesenheit des Baumes zu beraten.

«Ich weiß, was wir tun», sagte ich. «Wir werfen ihn einfach in den Hof. Es ist dunkel, uns sieht niemand. Und dann gehe ich runter und ziehe ihn durch den Durchgang auf die Straße. Wenn mich jemand sieht, sage ich, es war ein Unfall. Oder der Baum sei von alleine gesprungen.»

«Zu gefährlich», sagte die Liebste. «Ich habe im Radio gehört, dass allein heute vier Menschen von stürzenden Weihnachtsbäumen verletzt wurden.»

«Aber da unten ist niemand!», sagte ich.

«Trotzdem.»

Frauen. «Na gut», schlug ich vor, «dann seilen wir den Baum eben ab ...»

Ein Niesen schallte durch die Nacht.

Wir sahen nach unten.

Im Innenhof stand ein Schatten.

Der Schatten grüßte.

Es war Hausmeister Becker, der für die Sauberkeit im Innenhof zuständig war.

Wir grüßten automatisch zurück.

«Ich gehe ab und zu spätabends noch im Hof spazieren», rief Becker nach oben. «Das ist gesund, und ich sehe allerlei Schönes, zum Beispiel Ihren Baum ...»

Wir zogen uns nach drinnen zurück.

«Schade, dass wir keinen Sarg im Haus haben», sagte ich. «Oder irgendetwas anderes, in das ein Weihnachtsbaum passt ...»

«Kannst du den tragen?» Die Liebste zeigte mit dem Kinn auf unseren neuen Garderobenschrank.

Irgendwie schaffte ich es, den Schrank samt Baum ächzend und stöhnend in den Fahrstuhl zu bugsieren und ihn im Erdgeschoss aus dem Haus zu schleifen, unter den erbarmungslosen Blicken sämtlicher Nachbarn.

Wenigstens der Polizist, der auf einmal auftauchte, packte mit an und half mir, den Schrank neben den Weihnachtsbäumen am Straßenrand aufzustellen.

Dann schrieb er einen Bußgeldbescheid für die illegale Entsorgung von Sperrmüll.

«Leider», sagte er, «wenn es ein Baum wäre, könnte ich ein Auge zudrücken, aber so ...»

© Nicole Sturz

Mark Spörrle ist ZEIT-Redakteur und schreibt satirisch-humorvolle Bücher über den irrwitzigen Alltag. Sein Bahn-Überlebensführer «Senk ju vor träwelling», verfasst mit Lutz Schumacher, stand über ein Jahr unter den Top 20 der Spiegel-Bestsellerliste. Im Rowohlt Verlag erschienen zuletzt Spörrles Satirensammlungen «Ist der Herd wirklich aus?», «Wer hat meine Hemden geschrumpft?» und «Aber dieses Jahr schenken wir uns nichts!». Mark Spörrle ist Autor der Hamburg-Kolumne «Warum funktioniert das nicht?» in der ZEIT.

Isabel Große Holtforth, geboren 1975 in Wesel, lebt in der Nähe von München und arbeitet als freiberufliche Illustratorin für Verlage, Magazine und Werbeagenturen. Sie studierte an der Hochschule für Künste Bremen und an der Hochschule für Angewandte Künste in Prag. Isabel Große Holtforth illustriert Kinder- und Jugendliteratur sowie Belletristik, wofür sie bereits ausgezeichnet wurde.

Mark Spörrle

Aber dieses Jahr schenken wir uns nichts!

Geschichten vom weihnachtlichen Wahnsinn

«Ganz normal verrückt!» (Der Stern)

Und wie ist es Weihnachten bei Ihnen?
Weihnachten, wir wissen's alle, ist das Fest der Liebe und der familiären Idylle. Was aber tun, wenn man beim Weihnachtsessen von der Schwiegermutter kaltlächelnd gemästet wird? Die Nachbarn einem mit grell blinkender Weihnachtsdeko den Schlaf rauben? Man furchtbare Angst hat, beim Kauf des Weihnachtsbaums zu versagen und obendrein den heuchlerischen Schwur getan hat: «Dieses Jahr schenken wir uns nichts»? Vielleicht ist es da einfach am besten, im Kreis der Liebsten besinnliche Lieder zu singen. Fragt sich nur, ob vor dem Essen oder nach dem Essen. Oder nach der Bescherung? Oder statt der Bescherung ...?

Rowohlt Taschenbuch Verlag,
112 Seiten
ISBN 978 3 499 24720 0

MIX
Papier aus verantwortungsvollen Quellen
FSC® C083411

Das für dieses Buch verwendete FSC®-zertifizierte Papier *Schleipen Fly* liefert Cordier, Deutschland.